イギリス庭園の文化史

A Cultural History of the English Garden

中山 理［著］

夢の楽園と癒しの庭園

大修館書店

目次

序　ix

第一章　聖書と修道院の庭園　3

第二章　ギリシア・ローマ文学の庭園思想　25

目　次

第四章　チューダー朝の庭園　73

第五章　宗教改革とイギリス庭園——十七世紀の庭園　その一　99

十七世紀の園芸事情　113
自然に対する人間の態度の変化――エンブレム的庭園から科学的植物園へ　120
ピューリタンと王立協会による復楽園　129
イギリス人が古代ローマから学んだ田園のライフスタイル　131
夢の跡――「整形式庭園」に打撃を与えたのは、「風景式庭園」　135

第六章　ミルトンが描いた庭園――十七世紀の庭園　その二　137

ミルトンの『パラダイス・ロスト』は「風景式庭園」の出現を予言する　138
ミルトンの描くエデンの園の特徴――過去を継承し、現在を反映し、未来を先取りする　140
「至福の園」は「人工」の原理に支配され、「アドーニスの園」は「自然」の原理に支配される　142
世俗庭園とエデンの園とは比較すべくもない　144
十七世紀の王宮庭園――イタリア・ルネッサンスの息吹が伝えられて　147
王宮の庭園では、宮廷仮面劇や野外娯楽が演じられた　153
ミルトンは、王宮庭園を凌駕する自然風庭園を創造した　155
ミルトンのテクストに、仮面劇の批判を見る　159
古典ギリシア・ローマの楽園からキリスト教的な内なる楽園へ　161

目　次

序

風景と美意識

太陽の光がギラギラと眩しく照りつけるスペインで、涼しげな木陰と噴水が旅人の心を癒す、オアシスのような庭園《パティオ》。十八世紀イギリスの、壮麗なバロック様式のカントリー・ハウスの前庭に、悠然と広がるイギリス式庭園。京都の老舗旅館の奥の間で、座敷にごろりと横になって眺める小奇麗な坪庭。

どの庭園も、それぞれに美しく、見る者を感動させる。しかし、あるものには心の安らぎを感じ、あるものにはよそよそしさを覚えるのはなぜだろう。

そもそも、庭園風景は、私たちに、どのような刺激を与えているのであろうか。私たちは、しっかりと見る必要のないものと、眼をこらして見るべきものとを、何気なく区別していて、風景の中から、美しいものと醜悪なものを、意識的にせよ、無意識的にせよ、選別しているのである。

あるものを美しいと感じ、あるものを醜いと感じるのはなぜであろうか。

それは、私たちの精神のうちに、美醜を判断する「ものさし」のようなものが組み込まれているからだと思う。私たちの美意識を形成するのは、「文化」のなせる業だと言い換えてもいいだろう。文明は時代とともに栄枯盛衰を繰り返すが、文化は私たちの幾層もの精神の中に刷り込まれ、時代を超えて受け継がれていく。美意識や感性が、私たちの中に醸成されて、美しいと思うものを外の世界から切り取って、それを風景という枠組みの中に据えてみせるのではなかろうか。

文化的背景の異なるイギリス人と日本人とでは、同じ庭園を見ても、目のつけどころが異なるし、反応の仕方も違う。このことを、物語るような事例として、明治時代にイギリスを訪れた岩倉使節団と、日本を訪れたイザベラ・バードとを例にとってお話ししよう。

どうしてイギリス人は日本の田園風景を愛でるのか

川勝平太氏は、『文明の海洋史観』(中公叢書、一九九七年)で、明治五(一八七二)年、米欧視察に出かけた岩倉具視の使節団が、イギリスに四か月間も滞在し、各地を精力的に動き回っているにもかかわらず、「大英帝国の景観の根幹をなすカントリー・サイド」の美しさを見落としていたと述べている。

それに対し、同じ時期の幕末に日本を訪れた初代イギリス公使のオールコック、明治五年に来日した近代観光業の創始者トマス・クック、西南戦争の翌年に東北と北海道を旅したイギリス女性イザベラ・バードらは、こぞって日本の田園風景を絶賛している。

その理由について、同氏は次のように述べる。

思うに、当時の日本の郊外の農村風景も、それ（イギリスの田園風景）に勝るとも劣らないほど見事であった。それゆえにこそ、岩倉一行は、日本にはない都市工業にばかり眼を奪われたのだろう（二三九頁、括弧内と傍点は筆者挿入）。

なるほどとうなずける指摘ではあるが、岩倉一行が都市工業にばかり目を奪われたという説明には、にわかに同意しがたい部分がある。

岩倉一行が、日本には「ない」イギリスの都市工業景観に魅了されたのは事実だろう。また当時日本を訪れたイギリス人にとって、日本の農村風景が美しく見えたのも事実にちがいない。しかし、なぜ、自国に「ある」田園風景を見慣れているはずのイギリス人が、日本の「カントリー・サイド」をあれほどまでに絶賛したのだろうか。それも、尋常でないほめようである。

オールコックもバードも、日本とイギリスの田園風景を比較しているのではない。日本の農村を、イギリス人がこよなく愛する「庭園」―オールコックはイギリス自慢の庭園、バードは「エデンの園」―にたとえているのである。控えめな表現を得意とするイギリス人にしては、いやに賛辞が大袈裟ではないか。

いかに日本の農村風景が美しくても、日本人は、農村風景を庭園にたとえはしない。岩倉一行が、バードと同じような審美眼で日本の農村風景を眺め、同じように審美的評価の対象とみなしていたとはどうも考えにくい。

それどころか、両国民の間には、美に対する認識のギャップさえ感じられる。風景を見る目が、日本人とイギリス人とでズレているのではないだろうか。これを検証するために、バードの米沢の記述をもう一度見てみよう。

米沢平野は、南に繁栄する米沢の町があり、北には湯治客の多い温泉場の赤湯があり、まったくエデンの園である。「鋤で耕したというより鉛筆で描いたように」美しい。米、綿、とうもろこし、煙草、麻、藍、大豆、茄子、くるみ、水瓜、きゅうり、柿、杏、ざくろを豊富に栽培している。実り豊かに微笑する大地であり、アジアのアルカデヤ（桃源郷）である。自力で栄えるこの豊妖な大地は、すべて、それを耕作している人々の所有するところのものである。彼らは、葡萄、いちじく、ざくろの木の下に住み、圧迫のない自由な暮らしをしている。これは圧政に苦しむアジアでは珍しい現象である。……美しさ、勤勉、安楽さに満ちた魅惑的な地域である。山に囲まれ、明るく輝く松川《マツカワ》に灌漑されている。どこを見渡しても豊かで美しい農村である。（イザベラ・バード著　高梨健吉訳『日本奥地紀行』平凡社、二〇〇一年、二一八頁）

バードは、意味ありげにも、米沢の町をキリスト教（ユダヤ教）的な「エデンの園」と、ギリシア的な「アルカデヤ」とにたとえている。これは決して大袈裟な、奇をてらった表現ではない。この農村には、西洋の伝統的な楽園思想を満足させる基本的な要素が、見事なほどそろっているということを言わんとしているのだろう。

まず、米沢の農村には、生活を支える植物（米、綿、とうもろこし、煙草、麻、藍、大豆、茄子、くるみ、水瓜、きゅうり）、たわわに実る果樹（柿、杏、ざくろ、葡萄、いちじく）が豊富にある。こうした、生産や農業に結びついた植物は、日本庭園では排除されるが、イギリス人にとっては、エデンの園（『創世記』二、九）に「見るからに好ましく、食べるに良いものをもたらすあらゆる木」が生えていたことや、ホメロスの『オデュッセイアー』に描かれたアルキオノス王の宮殿に、美しい果樹園が広がっていたことを思い出させたにちがいない。

次に、日本の気候風土は温暖多湿で、豊穣な農地を生み出している。その状態を見て、バードはいみじくも、「実り豊かに微笑する大地」、「自力で栄えるこの豊妖な大地」という言葉で表現している。

西洋の典型的な楽園観では、自然は溢れんばかりの恵みをもたらしてくれる。楽園では、額に汗する重労働から解放され、気楽に暮らすことができ、精神的な安らぎ（「圧迫のない自由な暮らし」「安楽さ」）がえられる。古代ギリシアの理想郷、アルカディアは、牧羊が営まれる場所で、牧歌的で素朴な精神の象徴であった。

さらに、バードは牧師の娘であり、これら二つの楽園の要素に、プロテスタント的な「勤勉」の美徳をつけ加えている。ミルトンの『パラダイス・ロスト』の中で、アダムがエデン園の労働に勤しむのを称えていることを思い出したのかもしれない。

バードは、日本の農村を、単なる物理的な風景として眺めていたのではない。農村風景の中に、キリスト教やギリシア古典の「楽園」を構成する基本的要素を読みとっていたのである。それは、西洋の伝統的な楽園を表す「記号」というべきものである。

あるいは、バードは、日本の自然と田園風景を、イギリス人の美意識で切り取り、西洋の理想郷の祖型である「庭園」という概念にぴったりと合致させたのだと言い換えてもよい。西洋人の理想とする「庭園」を、極東の小さな島の農村に、自然美と生活とが見事なまでに調和した形で発見したという驚嘆の念である。

ところが、イギリス人にとっては、意味のある「記号」でも、日本人には、無意味にすぎないということがある。岩倉を含む日本人にとって、見慣れた農村風景は「庭園」ではないだろう。西洋では、エデンの園やアルカディアが「楽園」の理想だが、日本では、仏教の極楽浄土や道教の蓬莱などが「日本版楽園」の理想で、それぞれ美観も性質も異なる。

では、岩倉がイギリスで何を見たか、『米欧回覧実記』の記述を追ってみよう。

倫敦ヲ発シテ以来ハ、日ニ車泥馬塵ノ中ヲ奔走シ、煤烟銕臭ノ際ヲ徘徊シ、英倫ノ平原、蘇格ノ岡坡《こうは》、ミナ一望索然《さくぜん》ナリ、壱丁堡《エデンボルグ》ノ山ハ、秀麗ナリト雖トモ、蘇地山水ノ美ハ、是ニト、マラス、「パークス」氏、大使ヲ勧メテ、「ハイランド」ノ山水ヲ探ラントテ……蒸気車ニテ西北ニ赴ク……（久米邦武編『米欧回覧実記』二［岩波書店、一九七八年］二二七ページ）

遠くまで広く見はるかすイギリスの平野も丘も、みな「趣がない」（「索然《さくぜん》ナリ」）と、自らの美意識によってはっきりと判断を下している。したがって、岩倉一行は、決して日本にはない都市工業だけに目を奪われていたのではない。

その証拠に、日本に「ある」、日本的景観美と比肩しうる、もっとも典型的なスコットランドの山水の景観は、きちんと鑑賞しているのだ。エディンバラの山は「秀麗」だが、ハイランドの山々はもっと素晴らしいという噂を耳にするやいなや、忙しい日程の合間をぬって、わざわざウェイバリー駅から蒸気機関車に乗り、山水探索の旅にでかけ、紀行文に、いみじくも「『ハイランド』山水ノ記」と題しているのである。「山水」という言葉は、日本庭園美を語る言葉であり、視覚的な景観に重きをおいていることがよく分かる。

岩倉一行が、イギリスのカントリー・サイドを見落としたのは、日本の農村が美しいからではなく、そもそもイギリスでは、田園の風景美が、都市文明を凌駕するほどの存在感をもって、その美意識に訴えなかったからではないだろうか。

イギリス庭園の源流へ

現代の私たちが、イギリス庭園を見るときにも、イギリスの文化や造園の予備知識がなれければ、多かれ少なかれ、バードと同じような見方になるかもしれない。

先入観のない庭園観賞は、それはそれで意味のあることだが、イギリス庭園の文化的な「記号」の意味を知っていれば、造園の意匠を理解する上で、格段に深い洞察ができるはずで、イギリスの造園依頼者と造園家が夢想した「楽園」の意味を知ることにつながる。それは、イギリス「文化」が夢見た「楽園」を理解することに他ならないのである。

日本で「イギリス庭園」といえば、広々とした風景式庭園と、花とハーブが美しいコテッジ・ガーデンが有名であるが、風景式庭園がイギリスにお目見えするのは、十八世以降のことである。イギリスの庭園史は、帝政ローマの属領「ブリタニア」時代の、一世紀にまで遡ることができる。

悠久なるイギリスの歴史の中で、たえず庭園観を刺激してきたのが、「楽園」への見果てぬ夢であった。イギリスの庭園史をたどることは、彼らの夢想する楽園思想の軌跡を追うことで、庭園思想の流れを遡れば、古代ギリシア・ローマの「黄金時代」や「アルカディア」と、キリスト教の「エデンの園」という、二つの大きな源泉にまでたどり着くことになる。これらの楽園への憧憬は、イギリス人の精神の深層にまで刷り込まれ、ときには調和し、ときには対立しながら、庭園観に多大な影響を及ぼしてきた。

時代の要請や美意識の変化によって、様々に形態は変わることがあっても、イギリス人の精神の中で、伝統的な楽園思想の源泉が枯渇することはない。現に、バードも「アルカディア」と「エデンの園」という二つの伝統的な楽園の枠組みを、日本の田園風景から切り取っているではないか。

本書では、この二つの楽園を足がかりに、一世紀から十八世紀までのイギリス庭園文化の歩みをふりかえってみるとしよう。文学作品だけでなく、実利的な本草誌、ガーデニング関係の文献も取り上げ、銅版画なども参考にし、さらに日本庭園との比較も交え、できるだけ多角的な視点から、「この第二のエデン、天国と見まごうところ」（シェイクスピア『リチャード二世』二幕一場）である、イギリスの庭園を眺めてみたい。

最後に、本書の引用文についてお断りしておきたい。訳文を引用した場合は、訳書原本に手を加えず、固有名詞表記などは原本どおりとした。引用文と本文との間に、表記のずれが生じていることをお断りしておきたい。

それではご一緒にイギリス庭園を散策しましょう。

イギリス庭園の文化史

――夢の楽園と癒しの庭園

第一章　聖書と修道院の庭園

イギリス最古の庭園は、ローマ属領「ブリタニア」時代のヴィラであった

左右対称の並木道、
生垣の列で整然と区分けされた馬蹄形の庭、
樹木からもれる木漏日《こもれび》が美しいまだら模様をおりなす散歩道、
おしゃれな蔓棚《パーゴラ》仕立てのブドウとバラの木、
そして垣根仕立てにならぶリンゴ、梨、サクランボなどの果樹。
それにアクセントをつけるのが、動物や文字の形に刈り込まれた常緑樹のトピアリ、
あるいは生垣のアルコーブに飾られたローマの彫像。
ときおり花壇から流れてくる微風《そよかぜ》がバラやユリの芳《かぐわ》しい香りを運ぶ。
中でも圧巻は、樹木や草花を描いた庭の外壁のフレスコ画（図1）。
庭のかなたには緑の空間がずっと広がって見える。

これは、仮想の庭園風景だが、読者の皆さんは、いつ頃、どこの庭園だと思われるだろうか。

実は、今から一九〇〇年以上も昔の、紀元七〇年代、イギリスの西サッセクス、海岸沿いのフィ

図1　ポンペイの列柱郭に描かれた庭の絵

ッシュバーンにあった庭園の情景である。いや、もっと正確にいえば、イギリス本来の庭園ではなく、イギリスが「ローマ領ブリタニア」であった時代の庭園であり、イタリアのトスカーナにあった、ローマの執政官、小プリニウス（六二？—一一三年）の別荘《ヴィラ》を髣髴とさせる情景である。

一九六一年にフィッシュバーンの考古学調査が行なわれたとき、花壇の溝跡がくっきりと見えるイタリア風の庭園跡が発見され、古代ローマそっくりの整形庭園がイギリスにもあったことが証明されたのである。

一般にイギリスの庭園史を語るとき、ルネッサンス期の整形式庭園から始めるか、遡ってもせいぜい中世の修道院の菜園ぐらいから始める場合が多い。しかし実際は、フィッシュバーンの事例が示すように、ジュリアス・シーザーがブリテン島に侵攻した紀元前一世紀、この島が「ブリタニア」としてローマ帝国の属州に組み入れていた時代にまで庭園の歴史は遡るのである。

ローマ人征服以前にも、この島にはドルイド教を信仰するブリテン人がいて、森や樹木と密接した生活を営み、オークの木をあがめ、ヤドリギを神聖な樹木として大切にしていた。また、生活の糧をうるために、穀物、アマ、アサ、ビート（アカザ科サトウダイコン属）の根、数種の野菜なども栽培していた。

とはいえ、ドルイド教は、自然樹木を崇拝するアニミズム的な信仰ではあるが、彼らが人工的に植樹をしていたわけではない。また、野菜栽培をしたといっても、原始的な農業であり、園芸種の草花の栽培が行なわれていたわけではない。

一言でいえば、当時のブリテン人はまだ、イギリス人特有の、いわゆる「緑の親指」（英語の green thumb は「園芸の才」をいう）をもっていなかったのである。

それに引きかえ、古代ローマ人は、あらゆる面でブリテン人よりはるかに進歩した文明を謳歌していた。ローマの博物学者の大プリニウス（二三―七九年）によれば、当時のローマでは、下層階級の人々でも、庭園の一部を畑として利用することが許され、そこで収穫したものを日々の糧としたという。上流階級が、小プリニウスのトスカーナ荘に代表されるような、別荘を兼ねた農園、贅沢な「ヴィラ」を所有していたことはいうまでもない。

高度な地中海文明を持つローマ人が、辺境ブリタニアでのライフスタイルに満足できるはずはなく、祖国ローマに勝るとも劣らない豊かな生活をもとめて、ブリタニアにあって同じようなヴィラを建設したのはしごく当然であろう。ヴィラとともに、多くの植物種や庭園技術もブリタニアに持ち込まれたに違いない。

蛮族アングロ・サクソンなどの侵入で、古代ローマのヴィラは消滅した

特に、四世紀になってローマ文化が広まると、ブリテン島の南部地域を中心に、ヴィラの建物の改装や入念な手入れが行なわれるようになった。それは、ブリタニアにおいて、農村が、今までになく繁栄したことを裏づける現象でもあり、グロスターシャのチェドワースや、サセックスのビグナーなどの地域では、都市周辺に建設されたヴィラが、こぞって地中海文明の華を咲かせていた。

ヴィラの邸宅には、回廊や中庭も備わり、広々とした床には、ギリシア神話やウェルギリウスの詩歌を題材にしたモザイクが敷き詰められていたという。中庭には、季節ごとに、立派な建造物に恥じない色とりどりの草花が咲き乱れ、規則正しく並んだ果樹には、熟れた果物がたわわにみのり、彼らの食卓を豪華に飾ったことだろう。

ところが、このブリタニアにも大きな歴史の転機が訪れる。四世紀末には、ローマ帝国が弱体化

し、アングロ・サクソン人を中心勢力とする「蛮族」がブリテン島に侵入し始めたのである。それとともに、これまでヴィラの庭園を美しく飾っていた草花も、血なまぐさい戦いの波にもまれ、ブリタニアで蓄積された庭園文化も、ローマ文明と同じ運命をたどらざるをえなくなる。

ローマ人が持ち込んだ植物のうちで、入念な手入れを要するものは恐らく消滅し、この島の気候・風土に適応し、帰化できる種だけがたくましく生き残ったにちがいない。

では、ローマからは、どのような帰化植物がもたらされたのだろうか。それを知るのに、もっとも手っ取り早い方法は、語源の載っている辞典類で、目星をつけておいた植物名を引き、その語源を調べてみることだ。

たとえば、「ユリ」を意味する英語の「リリー」(lily) を引いてみると、「リリイェ」(lilige) という アングロ・サクソン語と、「リリウム」(lilium) というラテン語の語源があることがわかる。当時のアングロ・サクソン人が、このローマから持ち込まれた植物を知っていたことを示す証拠といえよう。

これと同じようなものとして、「コリアンダー」(coriander,《ラ》coliandrum,《ア》celendre)、「イチジク」(fig,《ラ》ficus,《ア》fic beam)、「フェンネル」(fennel,《ラ》feniculum,《ア》finul)、「ミント」(mint,《ラ》mentha,《ア》minte)、「ポピー」(poppy,《ラ》papaver,《ア》popig) など、三十種以上の植物をあげることができる (《ラ》=ラテン語、《ア》=アングロ・サクソン語)。

もちろん、アングロ・サクソン族が侵入した後でも、イギリスと大陸との関係が完全に絶たれたわけではないから、三〇種あまりの植物の中には、文献や記録などの文字媒体で、その名前だけがイギリスに知られ、実際の植物はもたらされていない場合もあるだろう。
だが、その一方、ローマからブリテンに渡り、蛮族の時代をたくましく生き抜いて、今日まで種を存続させている植物もあるはずだ。英語の植物の名称一つにも、古代ローマの庭園文化が残したかすかな足跡を感じとることができよう。

その後再び、地中海文明がドーヴァー海峡をわたり、イギリスでローマ文化が開花するのは、十六世紀になってからだ。イタリア人の芸術家を重用し、自らパトロンにもなったトマス・ウールジー枢機卿（一四七五?―一五三〇年）が、ハンプトン・コートを造営するのを待たねばならないのだが、それまでの間、ローマ人の撤退後に、イギリスで再び庭園を復活させたのは、一体誰であったのだろうか。

それに答えるには、これからお話しする、修道院と庭園の関係をお読みいただかねばならない。

キリスト教の楽園「エデンの園」は象徴的・理念的で、旧約聖書には具体的造形要素は見あたらない

古代ローマ帝国の撤退後、西洋において園芸文化を復活させたのは、キリスト教の伝播と、修道院の設立であった。中世のイギリスの場合も、植物の知識、園芸の技術を、どの階層の人々よりも

熟知していたのは、修道士たちであった。

修道士たちが想い憧れる庭園といえば、いうまでもなく、誰もが知るあの楽園、アダムとイヴが堕落前に暮らしていたエデンの園である。エデンの園が、イギリス人に限らず、西洋人の理想とする庭園の祖型として、確固たる位置を占めていたことは周知のとおりである。

ここでは、庭園史という観点から、エデンの園を見てみよう。意外なことに『創世記』には、二つの性質の異なる天地創造の物語が語られていることに気づく。

まずは『創世記』の冒頭、「初めに、神は天地を創造された。地は混沌であって、闇が深淵の面にあり、神の霊が水の面を動いていた……」と荘重な文体で始まる物語、すなわち神による天地剖判と万物創造の物語である（第一章から第二章四節前半）。

そして、それに続くのが、まるで舞台が壮大な宇宙からのどかな田園風景に一転したかのように思わせる、同じ神による牧歌的な庭園創造の物語である（第二章四節後半から二五節）。

「主なる神は、東の方のエデンに園を設け、自ら形づくった人をそこに置かれた。主なる神は、見るからに好ましく、食べるに良いものをもたらすあらゆる木を地に生えいでさせ、また園の中央には、命の木と善悪の知識の木を生えいでさせられた。……主なる神は人を連れて来て、エデンの園に住まわせ、人がそこを耕し、守るようにされた。」（『創世記』二、八―一五）

しかし、アダムとイヴが神の命令にそむき、禁断の木の実を食べてしまうと、神は次のように告げる。

「お前は女の声に従い　取って食べるなと命じた木から食べた。お前のゆえに、土は呪われるものとなった。お前は、生涯食べ物を得ようと苦しむ。お前に対して　土は茨とあざみを生えいでさせる　野の草を食べようとするお前に。お前は顔に汗を流してパンを得る　土に返るときまで。」（『創世記』三、一七－一九）

人間が堕落する前、神はいわばエデンの園の造園主だった。さしずめアダムは、施工主の神に雇われた庭師とでも呼ぼうか。アダムの仕事は、もっぱらエデンの園を「耕し、守る」ことであったが、禁断の木の実を食べて堕落した後は、「顔に汗を流して」働き、「野の草」を食べざるをえなくなる。

堕落前は神の美しい園での楽しい庭仕事、堕落後は「茨とあざみ」の生い茂る荒野での辛い野良仕事。キリスト教徒にとってみれば、堕落前の楽しさと堕落後の作業の辛さには雲泥の差があるかもしれないが、どちらにせよ、神によって人類の始祖に課せられた義務が、園芸や農業の類いであるという点に変わりがない。その意味で、キリスト教徒にとっての庭仕事とは、『創世記』を見る限り、まさに神から与えられた天職だといっても過言ではない。

だとしたら、聖書をもとに祈りと勤労にいそしむ修道士たちが、庭仕事を、もっとも純粋で神聖な活動だとみなしていたとしても不思議ではない。それは、人間が、かつて神とともに分かち合っていた楽園を回復する方法にもなりうるのだから。このようなことを想像してしまう人も少なくないだろう。

かくして、修道士がエデンの園を理想郷と見なし、庭仕事に汗を流していたことは事実であろう。ところが、修道士たちが実際に修道院でこしらえた庭園は、宗教的理想郷とはほど遠いものだった。というより、修道院内の回廊で囲まれた内庭は、エデンの園とは似ても似つかぬものだった。修道士たちは、エデンの園を造形的に再現しようとはしなかった、あるいはできなかったといったほうが正確かもしれない。日本の禅寺や浄土宗の寺院などが、宗教的理想郷の表現を庭園の中に追求し、庭園の造形美を芸術的な域にまで高めたのとは対照的である。一体、なぜなのだろうか。

まずいえるのは、聖書の庭園が、地上に実在すると信じられていた時代もあったくらいで、具体的なもののように思われるが、実は、すこぶる象徴的・理念的に描かれているのだ。したがって、エデンの園を庭園として造形化しようとしても、聖書の中に具体的な造形要素として役立つような記述が見出しえなかったのではなかろうか。たとえば、樹種にしても、「主なる神は、見るからに好ましく、食べるに良いものをもたらすあらゆる木を地に生えいでさせ」とあるが、一体どのような木が見るからに好ましいのか、またどのような果実が食べるに良いのかがわからない。「禁断の木の実」と「生命の木」以外に、具体的な植物名はほとんど何も記されていないのだ。聖書全体では一〇〇種類以上の植物名が登場するが、エデンの園に限って言えば、具体的な植物名は、アダムとイヴが、「葉をつづり合わせ、腰を覆うものとした」というイチジクぐらいのものである（『創世記』三章七節　最初に名前の出てくる植物で聖書全体では五七回も取り上げられている重要な植物）。

エデンの園が、象徴的に表現したものは、造形美や色彩美を誇る楽園ではなく、基本的な人間生活の諸相であった。

『創世記』に記されている園は、生活する空間であり、そこに実る果実も食用である。それに、神から与えられた労働と、人間との係わりを含めた共同体の姿が加えられているにすぎない。このような人間生活との密着性は、『創世記』に限らず、イスラエル民族の歴史や生活を記した聖書全体に見られる特徴である。

試みに、『万葉集』と『聖書』に登場する植物を比較してみれば、このような聖書の生活密着型の側面がより鮮明になる。両書によく登場する植物を、その頻度順に上位十位まで並べると、『万葉集』では、ハギ、ウメ、マツ、モ（藻）、タチバナ、スゲ、ススキ、サクラ、ヤナギ、アズサであるが、『聖書』ではブドウ、コムギ、イチジク、アマ、オリーヴ、ナツメヤシ、ザクロ、オオムギ、テレビンノキ、イチジクグワとなる。『万葉集』の植物は、実利的でない身近な植物、すなわち花や外観の風情を楽しむものが多いが、『聖書』の植物は、ウルシ科でよくめだつテレビンノキを除いてすべて食用あるいは衣料用の栽培植物であるという（中尾佐助、「聖書と万葉集の植物」〔三三二三―三二五頁〕より、朝日新聞社刊、『朝日百科植物の世界』収載）。

このような、植物への関わり合いや関心の違いは、東西の文化的な違いを反映したものである。修道院の庭園が、もっぱら有用植物の栽培を中心としているのも、案外、このようなところに理由があるのかもしれない。

修道院の庭は自給自足の食料栽培の場であった

では、次に、実際の修道院の庭園を覗いてみよう。

イギリスに散在する修道院の建物の中には、修復されたものや、一部が廃墟となったまま今日までその姿をとどめているものもあるが、中世修道院の庭園の実物となると、何一つ残っていないのが現状である。

このように、庭園を推測復元する場合にも、直接的な資料がないまま、聖・俗をとわず、書物、考古学的調査、発掘、地所記録、旅行記、風景画、肖像画の背景など、間接的な資料から推測するしかない。修道院の復元においても、現在まで保存されている建物の配置、地所の図面、見取り図、諸記録、会計簿などの間接的資料から、おおまかな全体像を想像することになる。

たとえば、ここに大修道院の建物と敷地の見取り図がある（図2）。場所はカンタベリー、年代は一一六五年のものだ。

まず目にとまるのは、修道院の敷地内を蛇行する、なにやらロープのように太い曲線は、おそらく水路のような配水設備を示したものであろう。

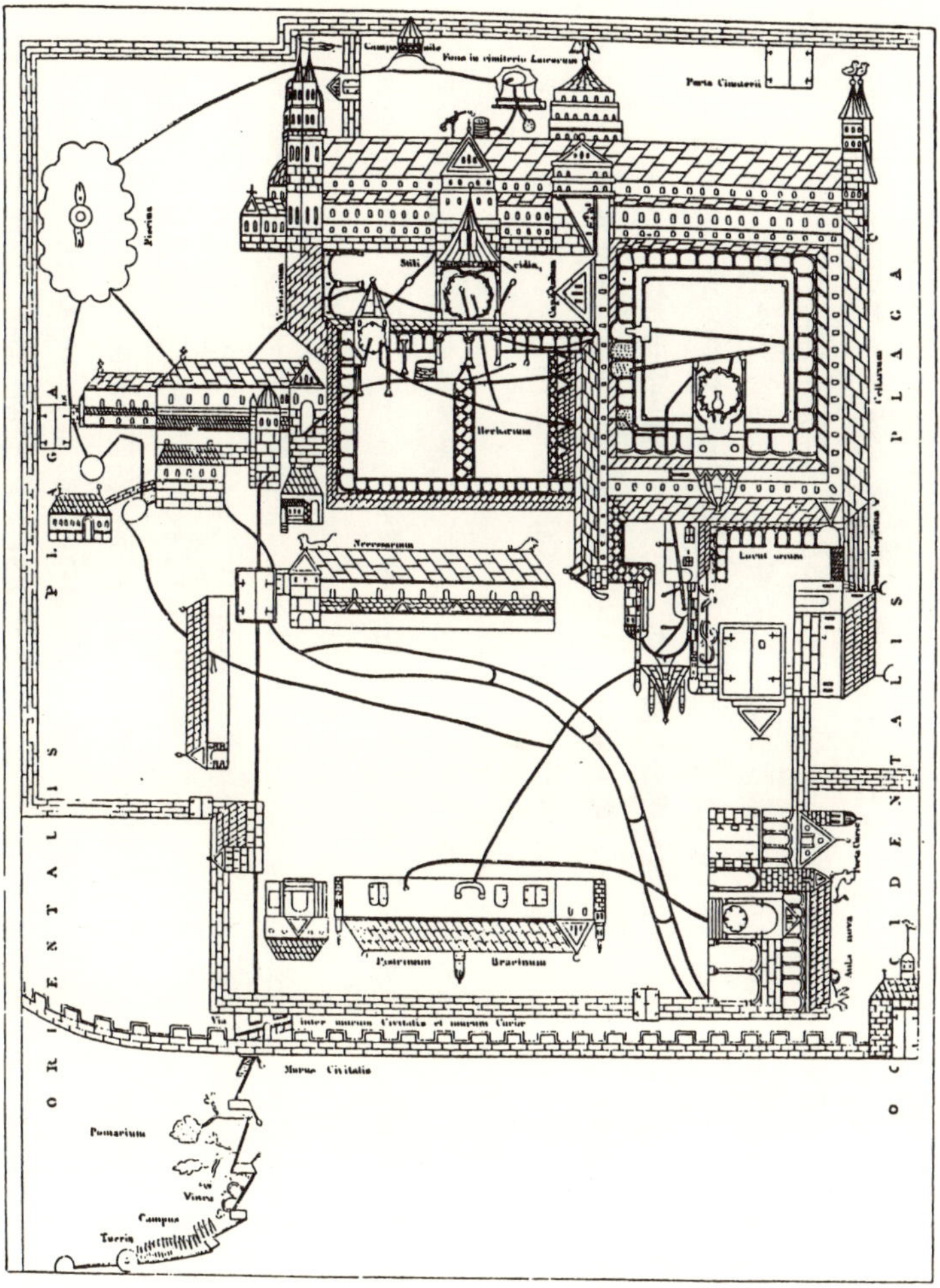

図2　カンタベリー大修道院の図面

向かって左上に、波線で描かれた楕円形の中に魚らしいものが描かれ、右側に「ピシナ」(piscina) という文字が見えるのは、大きな溜池で、修道士のための養魚池だ。

つぎに、中央上部、建物と回廊で囲まれた長方形の空間は中庭で、その中央を、格子模様の蔓棚《パーゴラ》つきの歩道が横切る。「ハーバリウム」(Herbarium) という名称からしても、また配水路が交差し、養護室に面していることからしても、ここは薬草などを栽培した菜園だろう。

最後に見取り図の左下隅、修道院の壁の外側には、ブドウ園と果樹園が小さく描かれている。

もちろん、この図面だけでは、植物や果樹の具体的な種類はわからないが、養魚場、菜園、果樹園という修道院の庭の構成要素ぐらいは、おおまかに把握できるだろう。

つぎに、修道院には、使用人の記録が残っている場合がある。

イギリス生まれのベネディクト会修道士で、中世史家でもあるフランシス・エイダン・ギャスケイは、『イギリスの修道院生活』の中で、「修道院の有給の使用人」という一章を設けており、その中に「庭師」(the gardener) という項目も含まれている。

庭師といえば聞こえがいいが、その実体は、食料品係の下でこまごまと働く雑用係でしかなく、修道院で、食料の仕入れ・保管・配給を担当する者だったらしい。短い説明文しかないので、詳しいことはわからないけれども、「庭師」という言葉で日本人が連想するような、美的なセンスを要求される職ではなかったようだ。

食料品係が自分の意志で庭師を任命できたことからしても、庭師の地位が推測できるが、実際のところ、庭師の主な役割といえば、「冬と春、週に四日、ハーブと旬の野菜を修道院にもってくること」や、「頻繁に御用聞きに台所を訪れ、いつも野菜やハーブをきれいにし、料理の下準備をした状態で持ってくること」など、いずれも下働きの域をでない[1]。

さらに、「ポメリウム」(pomerium) と呼ばれる果樹園を所有した修道院も多い。もっとも一般的な果樹とは、リンゴ、梨、ブドウ、サクランボなどである。リンゴは、食用や料理用だけでなく、「サイダー」というリンゴ酒をつくるためにも必要だった。日本でいえば、さしずめ「般若湯」だろうか。

また、修道院ごとに特産品と呼べる果物があったらしい。美しい大聖堂のあるイーリ地方は、イギリスで一番有名なブドウの産地である。また、「ウォードン（ウォーデン）・ペアー」と呼ばれる梨は、ベッドフォードシャにあったシートー派のウォードン修道院に由来する（図3）。この修道院は、一二世紀に建立され、その紋章も「銀の地に三個のウォードン梨」である。シェイクスピアの『冬物語』(四幕三場) に、道化がオートリカスに「ウォードン・パイに色をつけるのにサフランも買わなくちゃ」と告げる場面があるが、あのパイの食材の梨は、何を隠そう、この修道院で採れたものである。

当時の文献などから想像すると、修道院の庭は自給自足を原則とし、上述したもの以外に、桃や

図3　ウォーデン梨

マルメロなどの果物、ニンニク、パセリ、玉ネギ、ニンジン、ワケギ、チャービル、レタス、セロリなどの数多くの野菜、バジルやセージなど数十種の薬草《ハーブ》が栽培されていた。

また教会や祭壇の装飾、葬式や結婚式といった冠婚葬祭、あるいはその他の祭儀に用いる花も作られていたという。バラとユリがもっとも一般的だが、その他に、スミレ、オダマキ、アイリスなどの花の名前が記録に残っている。ちなみに、修道士が祈りに用いる数珠の「ロザリオ」の原義は、そのバラ園（rosary）である。

大きな修道院の中には、それぞれの修道士の独居室に個人用の庭があてがわれたものもあり、ここでも果物や野菜などが栽培されていた。庭での労働と瞑想のうちに、静かな修道院での日々が過ぎていったことだろう。

中世修道院の「小さな庭」には、近代科学思想の萌芽があった

さて、ここで先ほどの疑問点に戻りたい。

日本では、歴史に残る名園は、宇治平等院の浄土庭園にせよ、竜安寺の石庭にせよ、すべて寺社の庭園である。では、どうしてイギリスの修道院には名だたる庭園がないのだろうか。

もちろん、現在のイギリスには、庭園を備えた修道院が数多く残っている。ベッドフォードシャのウーバーン・アベイ、ケンブリッジシャのアングルシー・アベイ、デヴォンのバックランド・アベイ、ドーセットのステイプヒル・アベイ・ガーデン、オックスフォードシャのロクストン・アベイなど、枚挙にいとまがない。だが厳密に言うと、本当に中世の修道院の庭園と呼べるものは、もう何も残っていないのである。現在イギリスで目にする庭園のほとんどすべては、修道院の敷地内に新しく造園されたものだ。今名前をあげた大修道院の庭園の中で、一番古いのはロクストン・アベイだが、この庭園にしても一七二七年に造園されたものである。その他の修道院庭園は、ヴィクトリア朝風か、あるいは二〇世紀の作品で、造園の歴史も浅ければ、庭園自体も本来のものではない。

日本の庭園と比較して異なるのは、造園の歴史だけではない。概して、中世のイギリスの教会や修道院には、「パラディソス」と呼ばれる庭はあったものの、「楽園」とは名ばかりで、芝生が中心の緑園が一般的であった。形式も、中央に井戸か噴水、あるいは木が一本立てられているだけの簡素なものである。どう贔屓目にみても、日本の庭園のように自然美や造形美を追求するような空間とは言えない。

そのような実用的な庭園を生み出すキリスト教の世界観とは、一体どういうものなのだろうか。まず、キリスト教世界では、世界の創造者たる神と、その被造物と間にはっきりとした区別があり、単に区別されるだけでなく、神↓人間↓自然の順に階層的秩序が確立されているのである。

全知全能の神は、人間と自然の上に完全に超越して存在しており、自然の中に内在することはない。また、自然は神の秩序を反映することはあっても、神と同質のものではなく、同じように、人間は神が「御自分にかたどって」創造した（『創世記』一、二七）ものであるから、人間と別の過程で創造した自然とは同質ではないし、自然の一部でもない。

このことから、キリスト教世界では、自然を「他者」あるいは「外のもの」とする認識が生まれる。自然は「外のもの」であるから、距離をおいて自然を客観的に眺められ、知的興味の対象になることを意味する。

マイルズ・ハドフィールドは、『イギリス庭園史』で、イギリス修道院のガーデニングのレベルは、「おおむね同時代の大陸におけるガーデニングの二等級版であった」と述べているが[2]、当時のヨーロッパの修道士たちは、それぞれの国境を越えた、より大きなキリスト教文化圏の中に共生していたと考えてよい。ここでは、大陸の事例を見てみよう。

ドイツのライフェナウのベネディクト会修道院長、ヴァラリフフリードゥス・ストラーボ（八〇八頃―八四九年）は、博学多才の分筆家でもあり、古代ローマの詩人ウェルギリウスの『農耕詩』を

図4　ストラーボの『小さな庭』（1512年）の修道女が庭仕事をする囲まれた庭園の挿絵

モデルにして書いたと思われる六歩格のラテン詩を残している。『小さな庭』（*Hortulus*）と題されたその詩から、当時の修道士の、庭に対する態度を垣間見ることができて興味深い（図4）。

　ストラーボは、「庭づくりについて」（*De cultura hortorum*）と見出しをつけた冒頭の詩で、ガーデニングの喜びをつぎのように歌う。

森閑な生活に楽しみは数多あれ
ど、
なかんずく、かつてのパエスト
ゥムの園芸に
その身を捧げ、猥らな庭神プリ
アポスの
古《いにしえ》の業を学ぶ者に湧き起こる

喜びは
ひとしおである――庭に身を捧げた
者に訪れる喜び。

……

これを私が学んだのは、巷の意見や
古本漁りからではなく、経験から――
それも骨の折れる仕事の経験と
休息よりも労働を選んだ数多くの犠牲の日々から。[3]

この詩文にある、パエストゥムとは、イタリア南部のルカニアの町である。ウェルギリウスの『農耕詩』(第四巻、一一九)に、「年に二度咲くパエストゥスの薔薇園」とあることから、パエストゥムの園芸とは、バラ栽培の技術だと思われる(河津千代訳、『ヴェルギリウス 牧歌・農耕詩』、未来社)。

ディオニシアスとアフロディテの息子のプリアポスも、豊穣と生殖の神であり、ギリシアやローマの庭園にそのいかがわしい彫像が見られた。プリアポスの業も、古代の園芸技術を指すものであった。

このように、ストラーボの庭園は、古代の異教的イメージ、つまり非キリスト教のイメージで飾られてはいるけれども、パエストゥムのバラ作りにしろ、プリアポスの園芸にしろ、それは自然を人工的に操作する作業に他ならない。

ストラーボにとって、修道院の庭園で息づく自然とは、信仰を深めるよりも、知的関心を満足させる場であり、植物栽培や耕作といった実用的知識や技術を修得する空間として捉えられている。これはまさしく自然を「外のもの」として客体化する態度の現れではなかろうか。

このような考え方は、十七世紀イギリスの、フランシス・ベーコンにおいて、もっとはっきりとした形をとり、自然を他者として支配する理念を前面に打ち出す。やがて、それが、ピューリタンの禁欲的労働倫理と結びつき、さらに、ベーコンの活動主義も加わって、農業改革を展開し、イギリス全土を楽園にしようという試みへと統合されていくことになるし、自然を、実験的な操作によって科学的に分析しようとする近代の実証主義へ道をも開くわけである。

このように、一見して宗教と対立するような科学思想の形而上学的な萌芽が、すでに中世の修道院の「小さな庭」に息づいていたことは注目してよいだろう。事実、近代になっても、この萌芽は修道院の中で成長しつづける。現代遺伝学の祖メンデル（一八二二―八四年）が、栽培植物の新品種を作るため、エンドウの人工交配実験を行ったのは、他でもない、チェコスロバキアのブルノの修道院であったことが思い出されるだろう。

1 Francis A. Gasquet, *English Monastic Life* (New York : Books for Libraries Press, 1904, rpt., 1971), p. 209.

2 Miles Hadfield, *History of British Gardening* (London : John Murray, 1979), 28.

3 Walahfrid Strabo, *Hortulus*, trans. Raef Payne (Pittsburgh : The Hunt Botanical Library, 1966), 25.

第二章　ギリシア・ローマ文学の庭園思想

「庭園」と「楽園」は、ギリシア語訳聖書の中で結びついた

西洋人にとっては、「庭園」とは、精神と肉体を休め、安らぎをえる「地上の楽園」であり、とりわけ、エデンの園のような特別の空間は、「庭園」であり、また「楽園」でもある。

庭園を楽園と結びつけて考える歴史は古く、ギリシア語訳の聖書が成立した紀元前三世紀中頃まで遡ることができる。ここでは、まず、その経緯を言葉の面から押さえておこう。

英語では、「楽園」を「パラダイス」というが、その語源は、古代ペルシア語の「パイリダエーザ」で、「ペルシア国王の苑」、「囲まれた庭園」、「果樹園」などの意味があり、その、古代ペルシア語の「パイリダエーザ」からヘブライ語の「パルデース」が派生した。旧約聖書はヘブライ語で書かれていたが、ヘブライ語の「パルデース」は、古代ペルシア語とほぼ同じ意味で用いられていた。

ところが、紀元前三世紀中頃から約百年間に、アレクサンドリアで『七十人訳聖書』がギリシア語で出された。旧約聖書と外典がギリシア語に翻訳されたわけだが、その過程で「エデンの園」の訳語として「パラデイソス」が採用されたというのだ。

ギリシア語では、歴史家のクセノフォン（ギリシアの軍人、紀元前四三四？—三五五？年）らは、

もともと「パラデイソス」を単なる「王家の苑」という意味で使っていたのだが、このときの翻訳過程で、地上の楽園たる「エデンの園」や「天国」をも意味するようになったというわけである。

その後、ギリシア語で書かれた新約聖書でも、「パラデイソス」は、従来の「パルデース」と同じ一般的な庭園や「王家の苑」という意味の他に、天上の楽園たる「天国」と、地上の楽園たる「エデンの園」という特別な意味をも内包するようになっていったのである。

このように、肉体的安楽と精神的調和の空間を意味する庭園を表していた「パラデイソス」という語は、古代バビロニアやギリシアの伝統を継承しつつ、キリスト教のエデンの園と結びつき、やがて現代の英語にまで、その意味が受け継がれることになったのである。

ギリシア神話の「楽園」が、キリスト教の「地上の楽園」に結びついた

その後、人々はエデンの園に魅了され、当然のことに、キリスト教以外のパラダイスにも注意が向けられるようになった。

たとえば、ギリシア神話の「楽園《エリュシオン》」や「黄金時代」は、キリスト教の地上の楽園であるエデンの園と比較・対比されるようになり、中世やルネッサンス期の西洋人は、古典文学や神話の中に、自分たちの庭園の哲学的なモデルやモチーフを捜し求めた。

前章で述べたように、イギリス人の理想的庭園観が、キリスト教思想の枠内だけでは語れないのはそのためである。古典的楽園のイメージは、ちょうど素描の絵画に鮮やかな色彩をほどこすように、聖書的モチーフの芸術的描写性をさらに高めたと言えるだろう。

十七世紀イギリスのピューリタン詩人、ジョン・ミルトンでさえ、旧約聖書の人間の堕落を題材とした叙事詩『パラダイス・ロスト』で、『創世記』の「生命の木」を描くにあたり、ギリシア的イメージを活用した。つまり、はるか遠い西の海の果てにあるヘスペリデスの園で、ニンフたちが大蛇ラドンの助けを借りて黄金のリンゴを守っているという「黄金の果実」のイメージをだぶらせることで、「生命の木」の美しさを際立たせてみせたのである。

　そして、それらの木の
真只中に、群を抜いて高く聳えていたのが神饌《アンブロシア》にも似た、
滋味豊かな生ける黄金の果実をつけた生命の樹であった。（平井正穂訳、『失楽園』、岩波文庫、
第四巻、二一八―二〇　著者傍点）

ミルトンに限らず、他のキリスト教詩人も、地上の楽園を描くための重要な道具立てとして、ヘスペリデスの園の果実を、伝統的なモチーフとしてさかんに用いたのである。

次に、「善悪の知識の木」を見てみよう。一般に、その実は「リンゴ」だと思われているが、聖

図5　エデンの園のイヴの誘惑　ジョン・ミルトン著『パラダイス・ロスト』（1799 年版）の挿絵より

書のどこにもそんなことは書かれていない。
リンゴ説が生まれたのは、その木の実が、古典神話の「争いのリンゴ」や、ヘスペリデスの園の「竜が守るリンゴ」と混同されたことからだともいわれるし、ラテン語「マルム」（*malum*）が「リンゴ」を意味すると同時に、「悪」をも意味することとに関連があるとも指摘される（『英文学のための動植物事典』、大修館書店、三〇一頁）。こうした、ギリシアの古典神話やラテン語の影響によって、特定の果実＝リンゴに比定されるにいたったという経緯があるようだ。（図5）
ちなみに、「争いのリンゴ」とは、もっとも美しい女神に与えられたリンゴであり、アフロディーテ（ヴィーナス）、ヘラ（ジューノー）、パラス・アテナ（ミネルヴァ）がその実を争い、その結果トロイ攻囲が起こったという。

ギリシアの古典文学で、「楽園」と「黄金時代」が描かれた経緯

次に、ギリシアの「楽園」のイメージを、もう少し詳しく追ってみよう。

「黄金時代」の神話は、ホメロスの『オデュッセイアー』（第四書）にまで遡れるが（図6）、そこには、ゼウスの娘婿にあたるメネラーオスが、神々から不死を授かる場所が描かれている。

世界の涯の極楽《エーリュシオン》の野へ、不死である神々たちは

そなたを送り届けるであろう、そこは金髪のラダマンテスが
(治めるところで)、人間にとり生活のこの上もなく安楽な国とて、
雪もなく、冬の暴風雨《あらし》も烈しからず、大雨とてもかつて降らぬ、
年がら年じゅう大洋河《オーケアノス》が、音高く吹く西風《ゼピュロス》のつよい息吹《いぶ》きを
送りこして、人間どもに、生気を取り戻させるという……。(呉茂一訳、『オデュッセイアー』、岩波文庫)

このように、西風しか吹かない穏やかな気候、体も心も安らぐ楽園などが、楽園の特徴として描かれ、それが、後世にまで楽園の構成要素として継承されていくことになったのだ。

ただし、ホメロスは、楽園が、大海の彼方、地の果てにあると述べているものの、「黄金時代」という時間の概念はまだなかった。

「楽園」を「黄金時代」と結びつけたのは、『仕事と日』を書いたヘシオドスであった。

図6　ホメロスの胸像

オリュンポスの館《やかた》に住まう神々は、
最初に人間の黄金の種族をお作りなされた。
これはクロノスがまだ天上に君臨しておられた

クロノスの時代の人間たちで、
心に悩みもなく、労苦も悲歎も知らず、神々と異なることなく
　暮らしておった。
……
死ぬ時はさながら眠るがごとく、あらゆる善きものに恵まれ、
豊沃な耕地はひとりでに、溢《あふ》れるほどの
豊かな稔《みの》りをもたらし、人は幸せに満ち足りて
心静かに、気の向くにまかせて田畑の世話をしておった。
〔豊かな家畜に恵まれ、至福の神々にも愛されていた。〕（松平千秋訳、『仕事と日』、岩波文庫）

かくして、エリュシオンと黄金時代とは、ヘシオドスによってと結びつけられたのだが、このギリシアの楽土は、キリスト教徒にとっても地上の理想の楽園と考えられるようなった。

もちろん、古典文学と聖書との関係は、時代とともに変化し、古代ギリシア・ローマの文芸復興が起こったルネッサンス期のイギリスでも、古代神話の「黄金時代」に代表される古典的楽園思想については、いろいろな見方が存在した。

一方で、キリスト教以外の古代の異教神話にも、神聖なる真理が含まれており、異教の楽園は、

聖書のエデンの園の歪曲されたイメージだとする見方もあれば、他方で、歴史的な真実性のない、全くの虚構だと退ける立場もあった。しかし、大きな歴史的流れの中でとらえれば、心地よい自然を舞台に、神々の祝福に満ちた古典的な幸福生活という概念が、キリスト教の世界でも、無垢な楽園生活を理想化するのに寄与したことは紛れもない事実であろう。

古典文学の庭園風景＝アルキノオス王の果樹園とプロセルピナの花畑

ギリシアの古典文学には、どのような庭園が描かれているのだろうか。

バートレット・ジャマッティは、古典文学における庭園の主要類型として、つぎの三つをあげている。[1]

第一は庭園そのもの、

第二は神話の物語の背景としての自然風景、

第三は牧歌の背景としての自然風景、

である。ジャマッティは、壁や塀で囲まれた古典的な庭だけでなく、樹木や草花が茂る自然風景をも、「野生の庭園」と見なし、広い意味での「庭園」、もしくは、「庭園」の構成要素と考えているのである。

第一の、庭園そのものでは、イギリス文学にもっとも大きな影響を及ぼした庭園として、ヘスペリデスの園と並んで、ホメロスの『オデュッセイアー』に描かれた、アルキノオス王の宮殿をあげるべきだろう。

中庭の外にはまた、門の扉に接近して、四畝《ダイア》ほどもある広々とした果樹園がつづき、両側からぐるりと囲《かこ》いの垣根《かきね》をめぐらす、そこには野梨やざくろ、また輝くほどな実を結ぶ林檎《りんご》の木、あるいは甘い無花果《いちじく》の木や、繁り栄えるオリーブ樹など、いろんな果樹が丈《せい》高く、みな勢いよく生い繁っていた。そうした木々の実は、けっして腐らず、冬といい、また夏といい、年がら年じゅう絶えることがなく、それはもうしょっちゅう優しい西の風が吹き寄せ、木の実《み》をあるは実のらせ、あるは熟させてゆくもので、梨の実は梨の実の上、林檎は林檎の上に古びてゆき、他方ではぶどうの房《ふさ》はまた房の上に、無花果は無花果の上に月を重ねた。そこにはまた実《みの》りの多い平らな苑《その》に、（ぶどう樹が）根を一面に張って、そのあるところは、日当たりのよい平地をなし、暖かな場所を占めて、陽《ひ》の光りに乾されており、他《ほか》のところは今しも獲《と》り入れ最中《さいちゅう》、また他では実をつぶして汁を絞る。前側のほうはまだ未熟で、花さえが咲き残っているのに、あちらはややにもう黒ずんできた。
そこのまたいちばん低い畝《あぜ》のかたえは、きれいに列《なら》んだ野菜畑で、
あらゆる種類の蔬菜が植えつけられていて、一年中を賑わい立たせる、
その間を二筋の泉が流れてゆく、その一方が果樹園の全体に水を
撒きちらしてわたれば、もう一方は反対側から、中庭の敷居をくぐって、
高くそびえる館に水を送るのに、市民もそこから水を汲みならわしたが、
かようにすばらしい贈り物を、アルキノオスの手許《てもと》へと神々はなお遣《つか》わしで。
（呉茂一訳、『オデュッセイアー』、第七書、一一二―一三二）

アルキノオス王の庭園は、『オデュッセイアー』の中でも、もっとも変化に富む情景の一つである。ザクロ、リンゴ、イチジク、ナシ、オリーヴ、ブドウなど多種多様な果樹が植えられていて、永遠の春を思わせる西風が庭園を支配し、一年中、果樹が豊かに実を結ぶ。

重要なことは、果樹園が叙事詩の舞台になっているというだけでなく、果樹栽培と農業とが一体となった場所がギリシア的な庭園であり、この「農場庭園」とも呼べるものが、西洋の庭園の祖型となっていることである。

日本人の伝統的感覚では、庭園と農業とはしっくり結びつかない。アルキノオスの園が、農場とも果樹園とも区別がつかず、「庭園」と呼ぶのにはやや躊躇する所以である。

ハドフィールドは、『ガーデニングのパイオニアたち』の中で、この、アルキオノスの園は「まさに垂涎の庭園！」だと感想を漏らしているが、[2] 日本では涎が出るような庭園など、どこを探しても思い浮かばない。花見の舞台としての公園ならともかく、食欲をそそるのは満開の桜ではなく、花見団子の方である。「花より団子」とはいうが、そもそも、花を観賞するときに食べ物の話を持ち出すことこそ、風流心のなさを曝け出しているようなものである。

それだけではない。日本では、本来、畑にあるべき果樹をわざわざ庭にもってくること自体が卑しい行為だと考える地域もある。また、イチジク、ザクロ、ビワなどは、不気味な果樹だとみなされ、実がなると家族に病をもたらすと思われるほどだ。

したがって、色とりどりの果実がたわわに実るアルキノオスの庭園は、日本の庭園とは、おおいに性質を異にする原風景だといえよう。

第二は、古典神話や物語の背景としての自然風景であるが、プロセルピナの略奪の物語で、彼女が花摘みに夢中になる草原などは、その典型であろう。

娘神はオーケアノスの懐《ふところふか》深い娘たちと、薔薇《ばら》とサフランと美しい菫《すみれ》の花を摘みながら、柔らかな草原で戯れていた。菖蒲《あやめ》とヒアシンスも、ナルキッソスも摘んでいた。花の容《かんばせ》した娘神を惹《ひ》きよせようと、ゼウスの企《たくら》みに従い、多くの客を招く神ハーデースのために大地ガイアが萌《も》え出させたナルキッソスは、ひときわ輝き、不死なる神々であれ死すべき人間であれ、誰の目にも奇蹟とさえ見えるほどであった。

（逸身喜一郎・片山英男訳、『四つのギリシャ神話―「ホメーロス讃歌」より―』、岩波書店）

ここに描かれているのは、庭園というよりも、バラ、スミレ、サフラン、アヤメ、ヒアシンス、スイセンなど、色とりどりの花々が咲き乱れる花畑である。もともとギリシア神話では、草花や肥沃な大地は、情景を表すための舞台装置ではあっても、物語の装飾でしかなかったのだが、後の西洋文学においては、これらの花のカタログは、楽園を描写するための常套表現として使われるようになった。そうなると、カタログそのものが、重要な道具立てと見なされるようになってしまうものだ。

以上見たように、花を中心とする西洋の庭園は、日本の伝統的な庭園が石組や枯山水を特色とするのとは、異質の空間と言えよう。

古典文学の牧歌の世界は、息長く十九世紀まで続く

第三は、牧歌の背景としての庭園である。

ジャマッティが論じているのは、テオクリトスやウェルギリウスを源流とする田園詩であるが、

同じ田園を背景とする文学ジャンルとして、これに、恋と冒険をテーマとした散文物語＝ロマンスを加えてもよいだろう。

ここでもまた、私たち日本人は違和感を感じる。果樹園ばかりか、牛や羊やヤギのような家畜が放牧されている牧場までもが、西洋人の庭園の概念に含まれということを、興味深く考えるのである。

後でも述べるが、十八世紀初期のイギリスの風景式庭園では、「ハーハー」という見えざる境界が溝の中に作られた。これは、園芸を楽しむ庭と、牛や羊が草を食む野原とを分ける一種の隠れ垣で、家畜が庭の中に入り込むのを防ぐためのものである。こうすることによって、生垣や塀などで視界を遮られることなく、悦楽の庭園と広い草原の眺望とを結合させて、一つの牧歌的な景観を作ることができたのだ。つまりそれは、自分の庭園とウェルギリウスの牧歌的な理想郷、あのアルカディアの情景との一体化である。さらにこれは、人間と動物が柾根なく暮していたキリスト教のエデンの園とも重なりあうことをつけ足しておこう。

ここで、古典の牧歌の意味を考えてみたい。牧歌は、特に二つの意味で重要であろう。第一に、牧歌では、牧人の生活が自然と純朴な人間の愛に結びついていること、第二に、農業や牧畜を中心にした田園生活が理想化されていることである。

もともと牧人となるには、都会から離れて田舎で暮らし、詩作や音楽を楽しむ自由な時間がもてるという社会的な条件が不可欠であった。後のイギリスでも、都会での喧騒や政治的迫害から逃れる人々にとっては、そのような田舎暮らしが、ある意味で理想化された隠遁生活と考えられた。

そこで、テオクリトス以外に、牧歌を代表する詩人をあげるとすれば、やはりアルカディアの発見者のウェルギリウスであろう。ペロポンネソス半島中央部にある現実のアルカディアは、西洋人が考える理想郷とはほど遠い山岳地帯にあったが、ウェルギリウスは、その地を、卓越した詩的想像力によって、牧神パンがニンフたちと戯れ、音楽を奏でる楽土に仕立てあげたのである。

たとえば、『牧歌』第七歌の歌合戦には、コリュドンとテュルシスという牧人が登場するが、二人ともアルカディア人である。コリュドンは、アルカディアの自然をつぎのように歌う。

苔むした泉と、眠りよりも柔らかな草よ、そしてまた、
おまえたちにまばらな影を投げかけている緑の木苺よ、
家畜を暑さから守ってくれ。はや、燃え立つような夏が来る。
はや、しなやかな蔓の先に、葡萄のつぼみがふくらんでいる。（四五—四八）

また、テュルシスの歌でも、恋人リュキダスへの想いが自然を背景として切々と語られている。

森の中では秦皮《とねりこ》が、庭では松が、川のほとりでは白楊が、
高い山では樅《もみ》の木がいちばん美しい。しかしもし、
美しいリュキダスよ、おまえがもっと足繁く、ぼくを訪ねてくれるのなら、

森の秦皮と庭の松が、おまえにその場を譲るだろう。(六五—六八)

アルカディアにも恋愛の苦しさはあるにせよ、その自然はあくまでも人に優しく、そこに住む神々やニンフたちも牧人に憐れみをかけて慰める。

詩とロマンスでは、ジャンルの違いはあるが、二、三世紀にロンゴスが書いた『ダフニスとクロエー』は、ルネッサンス時代の西洋でもっとも人気のある古典作品の一つであった。主人公のダフニスとクロエーは、ともに捨て子で、それぞれ羊飼いと農夫に引き取られて成長する。やがて幼い二人にも恋心が芽生え、次第に成熟して恋愛が成就するという筋書きである。舞台はレスボス島、それも自然に恵まれたミュティレーネー近郊の牧草地帯だ。冒頭に描かれた二人の様子を見ただけでも、自然の営みとうら若い愛が、どのような美しい牧歌的世界を作り上げているかを垣間見ることができるだろう。(図7)

春が来て森も野も山も花盛りとなり、蜜蜂がうなり、歌好きの小鳥がさえずり、生まれたての仔羊の跳《と》びはねる時節がようやく到来した。……ものみな春の陽気に浮きたつなかで、みずみずしく若い二人は、見るもの聞くもの、なんでもまねてみようと、鳥の歌うのを聞けば歌い、仔羊が跳びはねるのを見れば身も軽く跳び、蜜蜂にならって草花を集めてはふところにいれたり、小さい花輪を編んでニンフたちに供えたりもした。(松平千秋訳、『ダフニスとクロエー』、岩波文庫、巻二)

『ダフニスとクロエー』は、このように田園の甘い雰囲気の中で、主人公があどけない無垢の恋愛を繰り広げる小説で、とりわけルネッサンス時代の人々の心を捉え、一五五九年にJ・アミヨの仏訳が出され、一五五八年にはこの仏訳からさらにA・デイの英訳が出版された。ゲーテがこの作

図7　ダフニスとクロエー　ジャン・フランソワ・ミレー(1865年)

図8 「愛の大庭園」リュッツオ『ドイツ銅版画と木版画の歴史』より

品を絶賛してやまなかったということからしても、その人気の高さが計り知れよう。

その後も、古典を源流とする牧歌文学の息は長く、その伝統は十九世紀にいたるまで続く。西洋人の田園への夢は、文学のみに限らず、ベートーヴェンの第六番「田園」交響曲や、ドゥビッシーの『牧神の午後への前奏曲』といった音楽作品でも花開いている。

では、花畑のような野原や牧場を舞台とした庭園とは、どのようなものであろうか。長々と言葉で説明するよりも、一枚の絵をご覧いただこう。これは十五世紀中頃のドイツの銅版画で、「愛の大庭園」と題されている（図8）。

「庭園」とはいうものの、一般に考え

られるような生垣、花壇、植え込みなどはなく、どう見ても開けた草原、あるいは花咲く牧場が舞台である。恋を語らいあう男女。中央を流れる小川のせせらぎ。草の上に腰をかけ、手すりのようなものに寄りかかる人々。中央には、食べ物を並べた六角形のテーブル。もちろん、背後に聳える城や雅やかな人々の衣装からして、この絵のテーマは、ギリシア的な牧人の愛ではなく、おそらくヨーロッパの洗練された宮廷風恋愛であろうと思われるが（宮廷風恋愛の庭は、塀などで囲まれているのが一般的であり、その意味ではやや異例ではあるけれども）、広々とした庭園の雰囲気は感じ取れるであろう。

古典文学の「悦楽境」を語るレトリックが、西洋文学に受け継がれた

西洋の作家たちは、ギリシア・ローマの古典文学や神話の風景描写から、理想的な庭園のモデル、イメージ、モチーフを吸収していった。その際、古典作家が理想郷描写のために確立した修辞学的形式も吸収され、西洋文学に継承されていったということが重要であろう。

たとえば、ホメロスからは、アルキオノスの庭園、エリュシオンの永遠の春、混樹の森（自然界では同一の場所に見られない、多様な種類の樹木が生える、仮想上の森）、花の絨毯、樹木と泉と草から構成された寸景、などが受け継がれた。さらにウェルギリウスからは、うるわしい日影のある景色、悦楽境《ロークス・アモエヌス》（*locus amœnus*）を描く常套表現が、特に『アエネーイス』から受け継がれた。

そのいずれもが、「ローマ帝政時代から一六世紀に到るまでのすべての自然描写の主要モチーフになっている」とクルティウスは述べている。[3]

時代が進むにつれ、樹木、牧場、小川、泉という最小限の楽園の構成要素に、草、花、鳥の歌声、微風が加わり、また、果実、香、蜜蜂、円形の平地など、楽園創造の道具立ても増えていく。

もともと、自然描写は、叙事詩や神話や牧人文学の背景にすぎなかったものが、いつの間にか古典文学から分離して独り歩きし、ギリシア・ローマ文化を理想とする詩人たちが手本とする修辞的表現へ変貌していくのである。

このように、ヨーロッパに継承された古典とは、実際の古代ギリシアの自然観ではなく、古典文学として洗練され、変容を受けた修辞的伝統であったといえよう。やがて、それが、詩的な庭園描写や風景絵画の中へと入り込み、イギリス人の理想的な庭園観を形成する要素となったのである。

例えば、哲学者フランシス・ベーコンは、『庭について』(一六二五年)の中で、庭園には、一年中すべての季節に草花が美しく咲いているべきであるとし、それを「永遠の春」(*ver perpetuum*)という古代ギリシア以来の楽園の概念で表現した。また、十八世紀の風景庭園家ウィリアム・ケントは、バッキンガムシャのストウ庭園に「エリュシオンの野」を造り、オックスフォードシャのロウシャム庭園に「ヴィーナスの谷」を造った。

このように、古代ギリシア・ローマの庭園は、イギリス人の憧れる理想的な庭園のモデルであったに違いないのである。

1　A. Bartlett Giamatti, *The Earthly Paradise and the Renaissance Epic* (Princeton : Princeton Univ. Press, 1966, rpt. 1969), 33-47.
2　Miles Hadfield, *Pioneers in Gardening* (Bloomsbury, 1996, rept. 1998), 3.
3　Ernst Robert Curtius, trans. by Willard R. Trask, *European Literature and the Latin Middle Ages* (Princeton : Princeton Univ. Press, 1967), 183-203.

第三章

中世の「愛の庭園」とルネッサンスの「魔法の庭園」

中世の西洋文学に花開く、世俗と宗教の二つの愛の庭園

中世の西洋文学では、「閉ざされた庭園」が、男女の愛の舞台「愛の庭園」としてクローズアップされるようになるが、「愛の庭園」を謳う文学的伝統は、世俗的作品と、宗教的作品の二つに大きく分けられる。

一方の世俗的作品は、四阿《まずやま》、庭園、小さな森などを、舞台やシンボルとしており、世俗的な恋愛詩の伝統を引き継いでいる。時々、抹香臭い教訓が混じったり、エデンの園をインスピレーションの源泉とすることもあるが、詩の本質的な部分は世俗的であり、宗教詩と呼べるものではない。

他方の宗教的作品は、『創世記』のエデンの園を回想し、その霊的意味や審美性をテーマにした宗教文学である。いずれの場合にも、庭園の自然描写に古代ギリシア・ローマ文学の影響が認められることは、第二章で述べたとおりである。

では、中世文学の世俗的な「愛の庭園」について見てみよう。これには、古代ローマの抒情詩人カトゥルス（紀元前八四?―五四?年）以降の祝婚歌の伝統が影響しているといわれている。

中世文学にとりわけ強い影響を及ぼしたのは、古代ローマの詩人、クラウディアヌス（三七〇頃―四〇四年頃）だが、その祝婚歌では、小鳥、花、泉、西風、芳香、永遠の春、草、木陰、樹木な

ど、古代ギリシア黄金時代のモチーフが用いられている。

それまでの牧歌と異なるところは、自然の四阿、森、樹木で囲まれた庭園を、古代ローマ神話の愛の女神ヴィーナスに捧げていることである。すなわち伝統的な古代の風景を、ちょうどボッティチェリの名画「春《プリマヴェーラ》」のように、クピド（キューピッド）との愛のゲームに戯れるヴィーナスの庭園に変貌させているのだ。それは、庭園、あるいは囲まれた自然の情景と肉体的な愛を結びつけ、西洋の「宮廷風」恋愛の文学的底流の一部をなすものである。

イスラム文化が宮廷風恋愛の庭園におよぼした影響

しかし、古代ギリシアの牧歌主義や古代ローマの祝婚歌の伝統だけで、西洋中世の宮廷風恋愛を説明することはできない。

もちろん、宮廷風恋愛の舞台となる庭園や自然描写において、古代ギリシア・ローマ以来の「悦楽境」描写の修辞学的手法が用いられていることは確かである。しかし、都会的で洗練された宮廷風恋愛自体は、ギリシア的な野趣あふれる牧歌的な愛とは明らかに異質なものである。

宮廷風恋愛を扱った文学には、多くのジャンルが含まれ、フランスのトラバドゥールの抒情詩、『薔薇物語』などの夢物語、散文のロマンス、散文の論文など多岐にわたるが、もっとも典型的な宮廷風恋愛は、アーサー王伝説のラーンスロットとアーサー王の妃グウィネヴィアのように、若き騎士と既婚の貴婦人との恋愛である。ただし、それは単なる不倫の恋ではなく、規範化された愛であり、たとえば、十二世紀、南フランスのプロヴァンスの宮廷では、宮廷風恋愛が中世ラテン語で理論づけられ、法典化されるまでにいたった。

その代表作が、フランス王国の宮廷付き司祭、アンドレーアース・カペルラーヌスが書いた『宮廷風恋愛について』(*De amore, libri tres*)という恋愛術解義書である。同著の翻訳者の瀬谷幸男氏は、キリスト教ヨーロッパが、東方ギリシア的ビザンチン文化を知ったのは十世紀以降で、より高い文化をもっていたアラブを通してであり、騎士道の制度や理想も、アラビアのロマンスとともに、十字軍によってイスラム・スペインや中東からもたらされたことを指摘している(二二四頁)。騎士道物語といえば、アーサー王物語を思い浮かべるが、それに劣らぬ傑作『ドン・キホーテ』を生んだスペインのことも忘れてはならないのである。

では、イスラム文化がヨーロッパ庭園に与えた影響を見てみよう。宮廷風恋愛や騎士道に勝るとも劣らぬくらい大きな影響であることが分かるだろう。

前章では、古代ペルシア語の「パイリダエーザ」、すなわち「囲まれた庭園」にふれた。いうまでもなく、「囲まれた庭園」だから、外界から切り離された私的な空間である。

まず第一に、そこは過酷な自然から身を守る場所でなくてはならず、灼熱の太陽を避け、涼しい日陰を楽しめる空間である。また砂漠の中で、唯一喉の渇きを癒す水盤のある場所でもある。次に、高い塀で囲まれているので、プライバシーを完全に守ることができ、樹木や花々の芳香が漂う中で、男女が愛を語る官能的な空間でもある。

七世紀の中東に起こったイスラム教は、このような庭園思想を聖典『コーラン』において継承した。それは選ばれた者に与えられる楽園であった。楽園の中にはいくつも庭園があり、泉がこんこんと湧き、果実がたわわに実り、緑に満ちた牧場が広がり、珊瑚のように美しいうら若き乙女が待っている。乾燥地帯では、これ以上の庭園は考えられないだろう。

イスラムの庭園には水が不可欠である。聖書にはエデンの園にチグリスやユーフラテスなどの川が流れていると記されているが、『コーラン』の楽園にも、水の川、乳の川、葡萄酒の川、蜂蜜の川の四大河が流れる。これが四本の水路で分割された「四分庭園」の起源であり、ペルシア語で「チャハル・バーグ」（四つの庭の意）という。その四つの水路の中心には噴水があり、四方へ水を送るとともに、四方に散った水もそこへと還流するのである。まさに「命の水」が循環する宇宙観を表現した庭園である。

一〇九六年の第一回十字軍遠征以来、十二世紀から十三世紀にかけて、十字軍は七回にわたって中東に派遣されたが、兵士たちは、西洋では夢想だにしないすばらしい庭園を、異国の地で目の当たりにしたことだろう。涼しいパティオの水盤からしたたる水、整形式庭園を十字にめぐる水路、高い塀に守られたオアシス……。

故郷へ帰還した十字軍兵士たちは、イスラムの庭園のことを熱っぽく語ったに違いない。西洋の

図9　スペイン，アルハンブラのリンデラハ庭園

詩人たちは、彼らの話に耳を傾け、エキゾチックな想いをその歌に詠み、それと軌をいつにするように、中央の噴水や水盤を伴う「囲まれた庭園」の造形性が、キリスト教ヨーロッパで一気に増えていったことだろう。

広大で寓意的なヴィスタや自然の情景から、石塀などの壁で囲まれた庭園へと移行は、ギリシア的な庭園思想だけでは説明し切れないのではなかろうか（図9）。

古代ギリシアの牧歌主義とキリスト教とは、牧歌的な生活感情を共有する

古代ギリシアの牧歌主義は、西洋の宮廷風恋愛と結びついたというよりも、むしろ早くから、自然を舞台にしてキリスト教と融合しながら、中世のヨーロッパ世界に継承されていった。

西洋の庭園が、古代ギリシア・ローマの牧歌に何を負っているかといえば、牧歌的な風景と牧人の恋である。もっと簡潔に、自然と人間の愛だといってもよい。

しかし、自然と人間の愛というテーマは、ギリシア・ローマ古典の専有物ではなく、キリスト教世界でも、エデンの園のアダムとイヴの夫婦愛に代表されるように、重要な位置を占めている。

また、ギリシア・ローマの古典の世界とキリスト教の世界は、ギリシア史研究の泰斗である藤村謙三氏も指摘するように、「牧歌的な生活感情の重要な根源」としての「一種の汎神論的な感情」を共有する（『ギリシア文化と日本文化』、平凡社、一九九四年、二九三頁）。

たとえば、ギリシアの牧歌文学の主人公は、牛飼い、羊飼い、山羊飼いなど、家畜の群れを従えて牧歌的な生活を営む牧人である。旧約聖書では、神や指導者は羊飼いにたとえられ、イスラエルの民はその家畜にたとえられる。新約聖書でも、同じような対応関係を見出すことができ、イエス・キリストは「良き羊飼い」であり、弟子たちやキリスト者が「小羊」なのである。

古代ギリシア・ローマ文学をも予表論で解釈するようになる

異教徒の古典文学と、キリスト教との間にあるギャップを埋めるのは、もちろん牧歌的な生活感情だけではない。キリスト教特有の予表論的発想も、両者を理論的に連結する神学的装置である。「予表論」は「予型論」ともいう。キリスト教聖書学の用語で、旧約聖書に新約聖書の先駆的な範例を読みとろうとする思考様式である。つまり、旧約聖書の人物、行為、出来事、制度などは、後々、新約聖書時代のキリスト教会史に起こる様々な事柄を、予め示す預言であるとみなし、それを「予表」、「予型」と呼ぶのである。

たとえば『雅歌』には、古いユダヤの恋歌と思われる「若者の歌」があり、「わたしの妹、花嫁は、閉ざされた園」だという有名な一節がある（四、一二）。予表論によると、この「閉ざされた園」の「花嫁」は、聖母マリアあるいはキリスト教会を示すものと解釈される。新約聖書的な解釈では、旧約聖書の人間的な結婚愛も、キリストとその花嫁たる教会とを結ぶ神聖な関係の予表となるというわけである。

こうした予表論的な解釈は、旧約聖書と新約聖書の対応関係だけにとどまらず、ギリシア・ローマの古典文学の解釈にも応用された。中世では、ギリシア・ローマの古典作品にイエスの受肉の予表論的な表現を求めることが盛んに行われたのである。

次にあげる、ウェルギリウスの『牧歌』第四歌の一節は、その代表的な実例である。

偉大なる世紀の秩序がふたたび始まる。
いまや乙女は帰り来り、サートゥルヌスの王国が戻ってくる。
いまや新しき血筋が、高き天より遣わされる。
汚れなきルーキーナよ、すみやかに、安らかに子を生《あ》れさせたまえ。
その子によって、鉄の種族はついに絶え、黄金の種族が、
全世界に立ち上がる。あなたの兄アポロンはすでに力を得たもう。(五—一〇)

この詩で言及されている「子」あるいは「その子」は、アントニウスの子だとか、最有力者オクタヴィアヌスの女児ユリアだとか、当時のローマ共和国執政官ポリオの息子だとか、諸説がささやかれても、中世のキリスト教徒は、それがイエス・キリストの降誕を予言したものだと信じて疑わなかったのである。

このように、キリスト教徒は古代ギリシア・ローマ文学をも予表論的解釈の対象とし、羊飼いとその群れの対応関係だけでなく、古代ギリシア・ローマの牧人の愛と、キリスト教のエデンの園の完全なる性愛《エロス》と聖愛《アガペー》との、対応関係にも注目するようになった。

こうして、キリスト教的な庭園を描こうとする作家にとっても、古代ギリシア・ローマの牧人文学が自然背景の題材を提供する大きな源泉となったのである。

エデンの園とは異なるこの世の楽園＝「魔法の庭園」の誕生

その一方で、キリスト教的庭園思想は、中世からルネッサンス期にかけて、エデンの園とはまったく性質を異にする地上の楽園も生みだしていた。それを英語で the enchanted garden といい、日本では「魔法の庭園」と訳されることもあるが、正確には「魔法にかけられたように魅惑的な庭園」という意味である。

なぜ魅惑的かというと、エデンの園と見まごうばかりに美しく、外見上の区別はほとんど無いに等しいからである。エデンの園の住人がイヴであったように、この庭園の支配者も女性だが、キリスト教の系列には属さない。たとえば、スペンサーの『妖精の女王』の「至福の園」に出てくるアクレイジアは、ホメロスの『オデュッセイアー』に登場するキルケーのように、異教の魔女に近い。

魔法にかけられた庭園は偽物なので、魅力的であればあるほど危険性も増す。それは、これまで何世紀も語り継がれてきた伝統的な楽園とは全く性質を異にする、美しくも不気味な庭園の誕生である。

魔法の庭園の美しさがエデンの園にたとえられるのは、両者が比較の対象であるという前提があるからで、それは、異教的庭園とキリスト教的庭園の対比の構図と言いかえてもよいだろう。エデンの園がこの世でもっとも美しい地上の庭園ならば、異教の世俗的庭園は、その見かけの美観にもかかわらず、中身の伴わぬ虚偽の楽園でしかない。魔法の庭園が人を魅了するのは、ほかでもない魔術の仕業であり、人目を欺く虚飾の美ゆえである。真のキリスト教的な愛を象徴する庭園と比べれば、低俗な性愛を象徴するだけの庭園でしかないことが判明する。

では、以下に、庭園を舞台とする代表的な文学作品の中で、今まで述べた庭園思想がどのような形で表されているかを見てみよう。

『薔薇物語』の二つの庭園とは、「悦楽のバラの園」と「野の緑が美しい庭園」

ここで、あえてフランスの夢物語の『薔薇物語』を持ち出すのは、それが中世イギリスの詩人、チョーサーを通してイギリス文学に多大な影響を及ぼしたというだけでなく、この物語が中世庭園を描写した実例としてよく引き合いに出されるからである。

さらに、イギリスの中世庭園の参考図として、十五世紀後半の作とされる『薔薇物語』の挿絵が掲載されることが多い。壁や格子のトレリスで区切られた小庭園、その庭園と庭園とをつなぐアーチ型の門、勢いよく水が湧き出る噴水、噴水の周りで楽器を演奏する音楽家、愛を語らう人々……。

まさに「愛の庭園」を彷彿とさせる情景が描きだされているのだ(図10)。おそらくこの絵を描いた画家は、当時の実際の庭園も参考にしたことだろう。

では、『薔薇物語』には、どのような庭園が描かれているのだろうか。フランス中世文学を代表するこの長詩は、作者が見た夢を語るという手法で書かれた夢物語だが、ギョーム・ド・ロリスが一二三七年頃から書き始めた前半と、ジャン・ド・マンがギョームとは異なる批判的ムードで書いた後半の二部で構成されている。

まず、前半の舞台となるのが「悦楽の園」というバラ園である。

花咲く五月、夢の中で、詩人が高い塀に囲まれた「悦楽の園」へ入り、その中に咲く「薔薇の蕾」に口付けしたいと願う。ちなみに、薔薇の蕾は愛人の象徴だ。途中、「侮辱」や「悪口」などの人物に邪魔されつつも、「哀憫」や「歓迎」などの人物に助けられて、ついにその願いを達していく……。

ギョームは、その園での愛の経験や技巧を寓意《アレゴリー》という文学手法に託して描いている。つまり、庭園の外壁に描かれた肖像も、庭園の中で踊っている人々も、生身の人間ではなく、それぞれが恋愛における負と正の価値を擬人化したものだ。そして、閉ざされた「悦楽の園」を舞台にして、理想的な宮廷風恋愛の一大絵巻が繰り広げられるのである。

ただし、この「悦楽の園」が、当時の実際の庭園風景をそのまま描写したものであると考えては

図 10　『薔薇物語』の挿絵

ならない。『薔薇物語』の庭園描写はすこぶる修辞学的であり、発想の根源においてもきわめて理念的である。

　前半で入念に描かれた「悦楽の園」の構成要素は、前章でも触れたように、「悦楽境《ロークス・アモエヌス》」を描写するための伝統的な修辞学的装置に他ならない。たとえば、小鳥の囀り、樹木の情景、咲き乱れる春の花々、小川のせせらぎ、泉、西風などは、まぎれもなくギリシア古典からラテン文学を経て中世ヨーロッパへ流れ込んだ自然描写の手法である。

また園内には、植物相を無視した種々雑多な樹木が茂っている。たとえば「マルメロ、桃、栗、胡桃、林檎、梨、西洋花梨、白李、黒李、新鮮で真紅の桜桃、桑の実、七竈の実、榛の実」などフランス産の果樹だけではなく、「丁子《ジロッフル》のつぼみや甘草、新鮮なカルダモン、ガジュツ、アニス、シナモンなどとともに、その他多くの食後に食べるとおいしいスパイ類」といった外国種も数多く描かれている。言うまでもなく、このような植物相の森は実在しえず、伝統的なトポスとしての「混樹の森」という修辞的技法だといえよう。まさに『薔薇物語』の「悦楽の園」は、文字通り夢の世界にしか存在しない庭園なのである。

イギリスの作家で評論家のG・K・チェスタトン(一八七四—一九三六年)は、『薔薇物語』を野バラにたとえた。

ギョーム・ド・ロリスによる前半は、「中世精神を背景にしてタペストリー」のような「厳かで優雅なアレゴリー」であるがゆえに、「バラの花のほとんど」であるが、ジャン・ド・マンによる後半は、「バラの茨のほとんど」である(G・K・チェスタトン著、渡部昇一・福士直子訳、「チョーサー」、『G・K・チェスタトン著作集〈評伝篇〉I』、春秋社、一九九五、一五七頁)。前半の「バラ園」は、「抽象概念を体現した人々たちが棲んでいる魔法の庭園」を描いたもので、後半は、庭園内にあるものがすべて美しいという、中世の伝統的な考え方を否定したものだというのだ。

しかし、ジャン・ド・マンの視点からすれば、そのようなチェスタトンの見方は、バラの花の美しさしか見ていないことになるだろう。前半の「悦楽の園」の出だしをご覧いただきたい。

中《なか》に入ると心が晴々として陽気になり、浮き浮きしてきた。おわかりいただきたいのだが、まさしく地上の楽園にいる思いだった。何とも魅力的な場所で、天上的なものを感じさせるほどである。（筆者傍点。篠田勝英訳、『薔薇物語』、平凡社、二三頁）

引用文中の「地上の楽園」とは、もちろん『創世記』のエデンの園のことである。ここで問題なのは「悦楽の園」が、まさにエデンにいるような気持ちにさせるけれども、エデンの園そのものではないということだ。すなわち「悦楽の園」は、エデンの園に似て非なるものであるがゆえに、人を欺く庭園ということになるのである。

この庭園の正体は、後半に登場する、もうひとつの「美しい庭園」が「悦楽の園」と対比され、その優劣が論じられるにつれ、さらに明らかになる。その庭園とは、「野の緑も美しい庭園」である。

ですからもしあなた方がこのように説教を行うならば、言行が一致しているかぎり、野の緑も美しい庭園に入るのを決して妨げられることはないでしょう。わたし自身が確約いたします。その庭園では、聖処女の息子、白い毛皮に包まれた仔羊が、草原を跳ね回る羊たちを連れ歩いておられます。（四六〇頁）

この庭園では、実にはっきりとしたキリスト教の伝統的な象徴表現が用いられている。「聖処女の息子」である「仔羊」は、無垢と恭順の象徴であり、イエス・キリストを意味する。この「野の緑も美しい庭園」が、いかなる地上の楽園よりも優れた聖なる空間であることは、つぎの一節でも明言されている。

この庭園の形態〔形相〕と材料〔質料〕を見るならば、かつてアダムが創り出された楽園も、これほどみごとではなかったと言い切れるだろうということです。（四七三頁）

「かつてアダムが創り出された楽園」とは、言うまでもなく、地上の楽園、エデンの園である。「野の緑も美しい庭園」は、それを超える楽園、すなわち、天上の楽園を象徴する空間である。

このような「悦楽の園」と「野の緑も美しい庭園」との対比は、庭園の形における「正方形」と「円形」の対比、石における「水晶」と「貴柘榴石」の対比、樹木における「松の木」と「オリーヴの木」の対比など、細部にまで及び、つねに後者の楽園の優位性が強調される。

では、このような優劣論議から見えてくるものは何であろうか。ジャン・ド・マンは、ギョームの描き出した前半の様々な舞台装置を新たな寓意に変えることによって、「悦楽の園」自体の虚偽性を暴こうとしているように見える。

ここから浮かびあがるのは、偽りの世俗的な「悦楽の園」と、真のキリスト教的な「野の緑も美しい庭園」との対比である。美しさだけがエデンに匹敵する「悦楽の庭園」のモデルは、やがてルネッサンス期の「魔法の庭園」へと継承されてゆく。

チョーサーの『カンタベリー物語』に描かれる情欲の庭園

イギリス文学にも、宮廷風恋愛や庭園を描いたものが数多く残されているが、ここでは「愛の庭園」のパロディーともいうべき作品を紹介しよう。

前述したように、「英詩の父」と呼ばれたジェフリ・チョーサーは、『薔薇物語』によって確立された中世のロマンスと寓意の伝統を継承する詩人で、自らも小姓時代から騎士見習いの時期にかけて、エドワード三世の宮廷に仕えた経験がある。また、当時のイギリスの宮廷では、フランスの宮廷風恋愛を扱った文芸が流行し、特に貴婦人や女官たちの間で、『薔薇物語』のような愛の夢物語や恋愛術を話題とすることが、社会的な気晴らしになっていた。チョーサーが、ギョーム・ドゥ・ロリスの『薔薇物語』の断章を英語に翻訳したのも、このような宮廷の雰囲気や趣向の影響もあってのことだろう。

ここでは、チョーサーの代表作である『カンタベリー物語』の「貿易商人の話」の庭園を覗いてみよう。チョーサー自らが、「『薔薇物語』に美しい庭園を描いているその著者（ギョーム・ドゥ・ロリス）も、この美しいジャニュアリの庭を描く力はなかったことだろう」と豪語し、ギョームのバラ園にも匹敵するイギリスの庭園として描かれているのである。

家や調度品から見ると、彼はまるで王侯の生活かとも思われるほどぜいたくなものであった。とくに庭園は石の塀をめぐらし、どこにも見られないような美しいものであった。……またローマの神話に出てくる庭園の神プリアプスも、この庭の美しいことや、いつも緑に茂っている月桂樹の下蔭に湧くあの泉のことなどは物語る力もなかったであろう。

ときどき地下の王プルートーとその女王プロセルピナは、妖精の女官たちと一緒に、神話にあるように、この泉のほとりで戯れ、歌をうたったり、踊りを踊った、ということだ。

この老騎士ジャニュアリはこの庭を散歩して、ひとり楽しもうとしたので、その庭の鍵は自分でもっていた。庭の入口は小さい門になっていたが、彼はそれを小さい銀の鍵で、好きな時に自由に開けていた。(西脇順三郎訳、『カンタベリー物語』、ちくま文庫、三七八頁)

ジャニュアリは、物語の主人公の一人で、老騎士である。放蕩三昧の生活を送ってきたが、晩年になって幸福な家庭生活を願い、うら若いメイと結婚した。しかし、メイには夫に対する同情しかない。ダミアンは、ジャニュアリの従者であるにもかかわらず、自分の主人の奥方のメイに熱烈な恋心を抱くようになる。いわゆる宮廷風恋愛の定番、三角関係が成立するわけだ。

そのように縺れた人間関係の中で、ダミアンは、ロマンスの騎士さながらに貴婦人メイを賛美し、意中の婦人に仕える僕として奉仕しつつ、顕著な恋煩いの兆候をしめす。そのような宮廷風恋愛の舞台といえば、これも定番の「愛の庭園」である。ジャニュアリが自宅近くに造らせたのも、まさにそのような鍵のかかる庭園だった。

しかし、庭に出向くジャニュアリの目的は、ただの散歩でない。特に夏の日などは、新妻のマイと二人だけで「床の中でできないことも、庭の中ではうまくやれたのである」(同上)。こう語るあたりから、雅やかな宮廷風恋愛の舞台としての庭園のイメージはもろくも崩れ始める。

それは、「貿易商人の話」に登場する、ローマの神々の顔ぶれを見ても明らかであろう。

まず、プリアポスは、古代ギリシアやローマの庭園によくその彫像が飾られており、果樹園やブドウ園などの庭園の神であると同時に、小さな体に巨大な男根をつけた乱交の神でもある。

つぎに、別名ハデスとも呼ばれるプルートー(「富めるもの」の意)は、プロセルピナを略奪した冥界の神である。

第二章ですでに見たように、この物語は、背景として、色とりどりの花が咲き乱れる園を要求するだけでなく、「富めるもの」という神の名前に秘められた意味合いや、冷酷非道な女性の扱い方が、尊敬心や深い愛情の欠如した富豪ジャニュアリの女性観、そして血気盛んなダミアンの性急な行動を連想させる。

中でも、クライマックスはすこぶる劇的だ。ダミアンは合鍵でこっそりと庭園に忍び込み、梨の木を登ってきたメイを見るやいなや、「早速、待っていましたとばかり、着物の前をたくしあげ」(三八九頁)、大胆にも木の上でグロテスクな情事を繰り広げる。二人には、とても庭園本来の美しさを鑑賞する余裕などない。

このように、物語の雰囲気や筋の展開だけを追っていると、ジャニュアリの庭園は、どうみても性的快楽のための世俗的庭園としか映らない。けれども、庭園で繰り広げられる珍事に、単なる笑い話以上に、読者がアイロニーやパロディーを感じるのはなぜだろう。それは世俗性を超越するような神聖な聖書的イメージが、庭園やそこでの出来事の下敷きになっているからである。

聖書の知識のある読者なら、ジャニュアリとメイの庭園を『創世記』のアダムとイヴのエデンの園に重ねあわせて眺めるにちがいない。それは、ジャニュアリが、結婚する前から、夫婦生活は「神が最初の男と女を結んでくださったあの神聖なちぎり」だと考えていたことや（三五〇頁）、「上帝がアダムを造られ、アダムはただひとりで、お腹をむき出し、まる裸であったのをごらんになって、『この男の助けとして、この男に似たものを、これから造ってやろう』と言われ、それからイヴを造っておやりになったのだ」と思っていることからも想像がつくことである。

つまり、この老騎士の想いは、最初からエデンの園に向けられていたのである。だとすれば、二人の結婚生活を破滅させるダミアンという人物は、エデンの園でイヴを誘惑した「蛇」という視点から眺められないだろうか……。いみじくも「懐の中にひそむ邪悪の蛇のようなもの」と呼ばれているではないか（三六九頁）。もともとエデンの園は、アダムとイヴが堕落し、原初の夫婦愛を失った場所であった。囲まれた庭園の中をそぞろ歩くジャニュアリとメイの姿は、いつのまにか読者の意識の中で、楽園を追放される人類の始祖の姿と重なって行く。

G・K・チェスタトンは、チョーサーには、「茨を突き出すときには必ずバラの花で覆ってからするという心遣いのようなものがある一方、バラを手渡すときには、必ず茨をひそませるという意地の悪いところもあった」と述べている(同上、一五八―五九頁)。なるほど「貿易商人の話」が醸し出す皮肉やパロディーの効果は、「愛の庭園」のロマンスへの憧憬と辛辣な批判精神とを併せ持つ詩人、チョーサーならではの作風なのかもしれない。特に、年齢の離れた夫婦の不和と「しっぺ返し」をテーマとした「結婚に関する話」では、そのようなチョーサーの才能がいかんなく発揮されたことだろう。

しかし、それと同時に、一見して軽快な笑い話の背景としての庭園にも、ギリシア・ローマの古典神話と聖書という二つの庭園思想が、たとえ変形された形にせよ、継承されていることだけは注目しておこう。

スペンサーの「魔法の庭園」に見る「人工」と「自然」の対立

『薔薇物語』の場合は、ジャン・ド・マンよって、ギョームの庭園の虚構性が暴かれるという形をとっているが、必ずしも「魔法の庭園」の側面が前面に押し出されているわけではない。

しかし、スペンサーの『妖精の女王』では、「至福の園」と「アドーニスの園」という二つの異なる庭園が登場し、「魔法の庭園」の特徴がはっきりと描かれるようになる。節制の騎士ガイアンが最初に訪れるのは、そのような「至福の園」で、その中に入ると、眼前に、楽しみを与えるようなものを撒き散らした草地が広がる。

……美しい草地は、緑のマントをつけ、フローラの誇るすべての飾り物で見事に美しくされていたが、フローラの母の『人工』は、けちな『自然』を半ば軽蔑して、娘が朝まだきに処女の部屋から出てくる時、このような飾り物で、はなやかな花嫁のように美しく装わせ、豪華すぎるくらいに飾り立てたのである。(第二巻、第一二篇、五〇、熊本大学スペンサー研究会訳『スペンサー 妖精の女王』、一九六九年、文理書院)

ここでは、庭園の特質として、「人工」と「自然」という対立概念が、最初から持ち出されていることが読者の目を引く。「至福の園」を支配するのは、フローラの母である「人工」であり、「自然」を半ば軽蔑するとはっきり述べられている。

さらに続く庭園の自然描写では、例のごとく、色とりどりの花、すくすくと伸びた樹木、暑さを避けるための谷間、森にそよぐ風、水晶のように流れる小川など、一連の「悦楽境」描写のためのカタログが用いられている。その中で、エロティクな雰囲気さえ漂わせる「つた」の描写が、特に注目を引き、この庭園の構成物が偽物であることを早くも匂わせる。

そしてすべての上に、純金で出来たつたの蔓が、自然のままの色をして、広がっていた。というのは、この高価な金属は、よく見分けようとしない人には、必ず、本物のつたと思えるような色をしていたからである。その奔放な腕は這い下りて銀色の水につかっていたから、毛のような花もおずおずと水にひたり、その水晶のような水滴は、気まぐれに泣いているようであった。（前同六一）

「つた」の蔓は、おそらく噴水中央の円柱から垂れ下がっていると思われ、庭園内の自然の豊穣だけでなく、激しい情欲の象徴とも考えられる。このような庭園のもつ怪しげな艶かしさは、肉欲の遊びに疲れ、豊満な肉体を惜しげもなく曝す、アクレイジアの妖艶な姿と絶妙に呼応している。

女は、暑さで疲れたのか、それとも、楽しい罪を犯そうとてか、ばらのしとねの上に身を横たえ、銀色のうすい絹のヴェールを全身にまとっていた。というよりは、まとっていないと言った方がいいくらいで、それは雪花石膏《アラバスター》のような白い肌を少しも隠さず、かえって、これ以上はないほど白く見せていた。…

雪のように白い胸は、飽くことを知らぬ飢えた目の餌食となるがままに、はだけられていたが、今しがたの甘い苦労のけだるさから、神酒《ネクター》よりも澄んだしずくが数滴にじみ出て、澄みきって輝く真珠のように、胸を流れ落ち、また喜びに甘くほほえむ美しい目は……星明りのようであった。（前同七七―七八）

アクレイジアこそ「至福の園」を支配する魔女である。妙齢の男たちをここに連れてこさせては、肉欲にひたり、自分の情欲を満足させたかと思うと、ちょうどホメロスの魔女キルケーが、ユリシーズの友人たちを豚に変えたように、男たちを獣に変えてしまうのである。
実は、この庭園で狂犬のように吠えたてている野獣たちは、すべて、この魔女の毒牙にかかった愛人たちの成れの果てであった。彼女は、「恐ろしい魔術」で、男の心がもっとも良く似ている動物に姿を変えていたのである。当初は「エデンと比べられるものがあるとするなら、そのエデンよりも勝っていた」と賞賛されていた「至福の園」も（第二巻、第一二篇、五二）、その正体は、魔術で男たちを堕落させるだけの誘惑の園でしかなかったのである。

これに対し「アドーニスの園」は、「自然」の原理に支配されており、「人工」が支配する「至福の園」とは対照的で、「母なる『自然』が我が身を装い、また、自分の愛人たちの花環を飾る、ありとあらゆる美しい花が集められている」庭園である。そこは、一切の生命の源泉、繁栄の場の象徴でもある（第三巻、第六篇、三〇）。またホメロスの叙事詩に登場する、アルキノオス王の果樹園のように、「不断の春と不断の収穫の時とが、同時に相会し」、木々が年中果実を実らせる楽園でもある（第三巻、第六篇、四二）。

英文学者の、川崎寿彦氏は、アクレイジアの園に備わる悪の諸要素とは、「性愛が不毛の性愛であったこと、官能が官能以外の目的に奉仕しなかったこと、その目的のために〈人工〉が〈自然〉を支配していたこと」だと述べている（『庭のイングランド』、名古屋大学出版会、二九頁）。
それと同時に、私は、イギリス庭園を考える上で、庭園を支配する価値基準として、「節制」を説くキリスト教的倫理観に反する「淫らな愛欲」や「不摂生な生活」といった諸悪に加えて、「自然」と「人工」の対節法的理念が導入されていることを見逃してはならないと考える。庭に仕掛けられた官能的な装置が悪であるのは、それがアクレイジアの魔力によって「人工的」に造られているからである。この「自然」と「人工」の相対する思考様式は、その後も四〇〇年以上にわたって、イギリスの庭園論の中心的テーマとなる。

中世の文学作品には庭園が描かれているが、現実の庭園に関する情報は残っていない

今まで見てきた庭園は、『薔薇物語』の「バラ園」も、『妖精の女王』の「至福の園」も、ギリシア・ローマ古典とキリスト教の文学的伝統を受け継ぐ詩的想像力の産物であり、当時の庭園の情景をある程度は反映しているとはいえ、決して現実の庭園や自然を写実的に描写したものではない。

特に、中世のイギリスの庭園となると、その実像を知る実質的な手がかりは、ほとんど残されていない。『薔薇物語』の美彩色の挿絵は、中世のイギリス庭園史を扱った書物では、必ずと言ってよいほど作例として収載されるが、それでさえ、異国フランスの庭園を描いたものでしかない。残念ながら、この時代のイギリス庭園を描いた絵画は一枚も残っていないのである。

もちろん、『カンタベリー物語』の「貿易商人の話」の庭園のように、生々しいほどのリアイズムを感じさせる文学作品もあるが、それとて、庭園そのものの描写よりも、そこで繰り広げられる

泥臭い登場人物の愚行がおもしろいからである。ジャニュアリが、秘め事のために造らせた庭園でさえ、人間だけでなく、実在しない古代の神々が闊歩する神話的な空間でもあったのである。

中世のイギリスで、現実に造園された世俗的庭園でわかっているのは、壁、花壇、歩道、築山、泉、堤、芝生のベンチなど、庭園の構成要素とその用途ぐらいのものではないだろうか。果樹、野菜、調理用ハーブ、薬草、教会の礼拝・装飾用の花（特にバラとユリ）などの栽培場所、腰をおろしてリラックスする休憩場所、そして恋人たちの逢引の場所……。この時代の庭園を一言でいうと、きわめて実利的な目的を備えた「囲まれた庭」あるいは「閉ざされた庭」ということになろう。

この時代、一般的な庭園では、一つの芸術作品として造園を試みたり、草花をその美のためだけに鑑賞したりといった趣向はまだ生まれていなかったのだろう。そうした趣向が生まれるのは、十六世紀前半に入ってからだと考えられる。そして十七世紀を迎えると、庭園のあり方にも革命的な変化が生まれ、さらに十八世紀に到って、中世以来の「閉ざされた庭園」が「開かれた庭園」へと大変貌を遂げることになるのだが、その経緯については後章に譲ることにしよう。

その前に、文学作品には登場しない実際的な庭園の側面を知るために、次章では、初めてイギリスの本草書が出版された十六世紀以降の園芸関係の書物を管見しておこう。

第四章　チューダー朝の庭園

チューダー朝のガーデニング・ブームは、エリザベス一世時代に到来した

前章では、中世からエリザベス朝（一五五八—一六〇三年）までのイギリス庭園像を、主に代表的な文学作品を中心に追ってきたが、本章では、本草誌や園芸書などの実利的な文献をもとに、そこに収載された美しい木版画も眺めながら、現実に近い庭園をもう少し散策してみよう。

十六世紀という一〇〇年をスパンに、この種の文献の出版状況を見ると、十六世紀前半には数えるほどしか出版されていないが、後半になると徐々に増え始め、世紀末の一五九〇年から一六〇〇年にかけての一〇年間で、最高の出版数を記録している。この出版点数からも、イギリスの庭園ブームは、社会が安定したエリザベス一世の時代に到来したといってよいだろう。

この時代の書物は、その内容から、英語で「ハーバル」(herbal) という本草誌と、いわゆる「ガーデニング・ブック」(gardening book) と呼ばれる園芸書に分類して考えるとわかりやすい。

「ハーバル」とは、薬草だけでなく、一般の植物も含めて、植物名、外観、特質、効能などを説明・記述した植物誌である。本草誌は、植物採集者や植物学者、あるいは薬草を使う医者や薬剤師たちの必読書だった。また、当時は、現代と違ってまともな医療は一部の金持ちしか受けられない

状況であったので、家庭の主婦にとっても貴重な情報源であった。なぜなら、そこには、どのハーブが食用になるかとか、どの薬草が悪夢・不眠・憂鬱症などの軽い慢性病の治療薬となるかとかいった、有用な情報だけでなく、イガの防虫剤、爪や毛髪の染料、美顔用の植物には何が役立つのかなど、ご婦人がた必須のハーブ利用法も書かれていたからである。

イギリスの本草誌出版の歴史

イギリスで最初の本格的な本草誌は、ロンドンの印刷業者のリチャード・バンクスが、一五二五年に出版した四折判である。しかし著者が不明なため、一般には「バンクスの本草誌」と呼ばれている。内容は、中世の写本を参考にしたものらしいが、植物の挿絵もなく、医者や薬剤師のための啓蒙書のようなものであった。

挿絵入りの最初の本草誌は、ピーター・トレヴェリスが、一五二六年に印刷した『大本草誌』(*The Grete Herball*)である。本文部分はフランス語文献からの英訳であり、序文と結論も『ドイツ本草誌』(*German herbarius*)と、ヨハン・マイデンバッハの『健康の庭園』(*Ortus sanitatis*)からとったもので、オリジナリティーも植物学的な価値もほとんどないと言われている。さらに、五〇〇点に及ぶ木版画が収載されてはいるものの、これもすべて上述の書物からとった二番煎じであ

図11　ピーター・トレヴェリス版『大本草誌』(1526年) より

る。

ただし、タイトルページには、味のある木版画が印刷されていて、ブドウをもぎ取る男と籠一杯にハーブを収穫する男が描かれており、興味深い。画面下の両隅には、頭部に植物の生えた裸体の男女が描かれているが、これはマンダラゲという植物で、肉付きよく太く短い茎、二又の根をもった形態が特徴的である。全体がまるで人間のような形をしているマンダラゲが、地面から引き抜かれる時に悲鳴をあげると、不吉なことが起こる前兆だという古い迷信があるが、そんな迷信のある植物を表紙にもってくることからして、この書物の性格が窺い知れるだろう(図11)。

十六世紀を代表するイギリスの植物学者といえば、ウィリアム・ターナー（一五〇八―一六八年）と、ジョン・ジェラード（一五四五―一六一二年）であろう。

ターナーは「英国植物学の父」と呼ばれる博物学者で、医者でもあり、プロテスタントの論客でもあった。ターナーの代表作は、三部よりなる『新本草誌』（*A New Herball*）で、第一部が一五五一年、第二部が一五六二年、第三部が一五六八年に出版されている。イギリス全土の、医者や薬剤師に読まれるように、当時の風潮に反し、ラテン語でなく英語で書かれているのが特徴だ。

『新本草誌』を、トレヴェリスの『大本草誌』と比較すると、その内容の差は歴然としている。『大本草誌』は、植物学の専門書としての質は低く、植物に関する迷信や伝説を始め、ガレノス医学の学説（ガレノスは、ギリシアの医者〔一二九―一九九年頃〕で、その学説は、中世からルネッサンスにかけて医学の権威と仰がれた）や、専門知識の欠如したデタラメまでが含まれている。それに対し『新本草誌』は、近代植物学の幕開けを感じさせる科学的な植物誌といえるだろう。科学的というのは、他人の文献の引用や剽窃ではなく、ターナー自身が実際に肉眼で観察したことや、体験したことを基にして植物誌を書いているということだ。

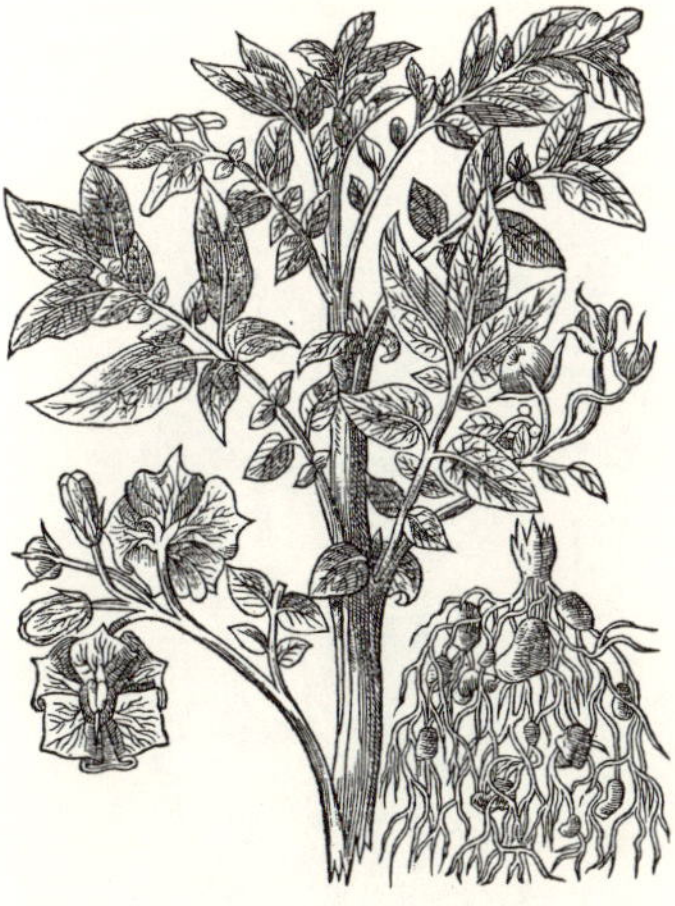
図12　「ジャガイモ」の木版画（ジェラード著『本草誌』）

しかし、十六世紀でもっとも有名な本草誌と言

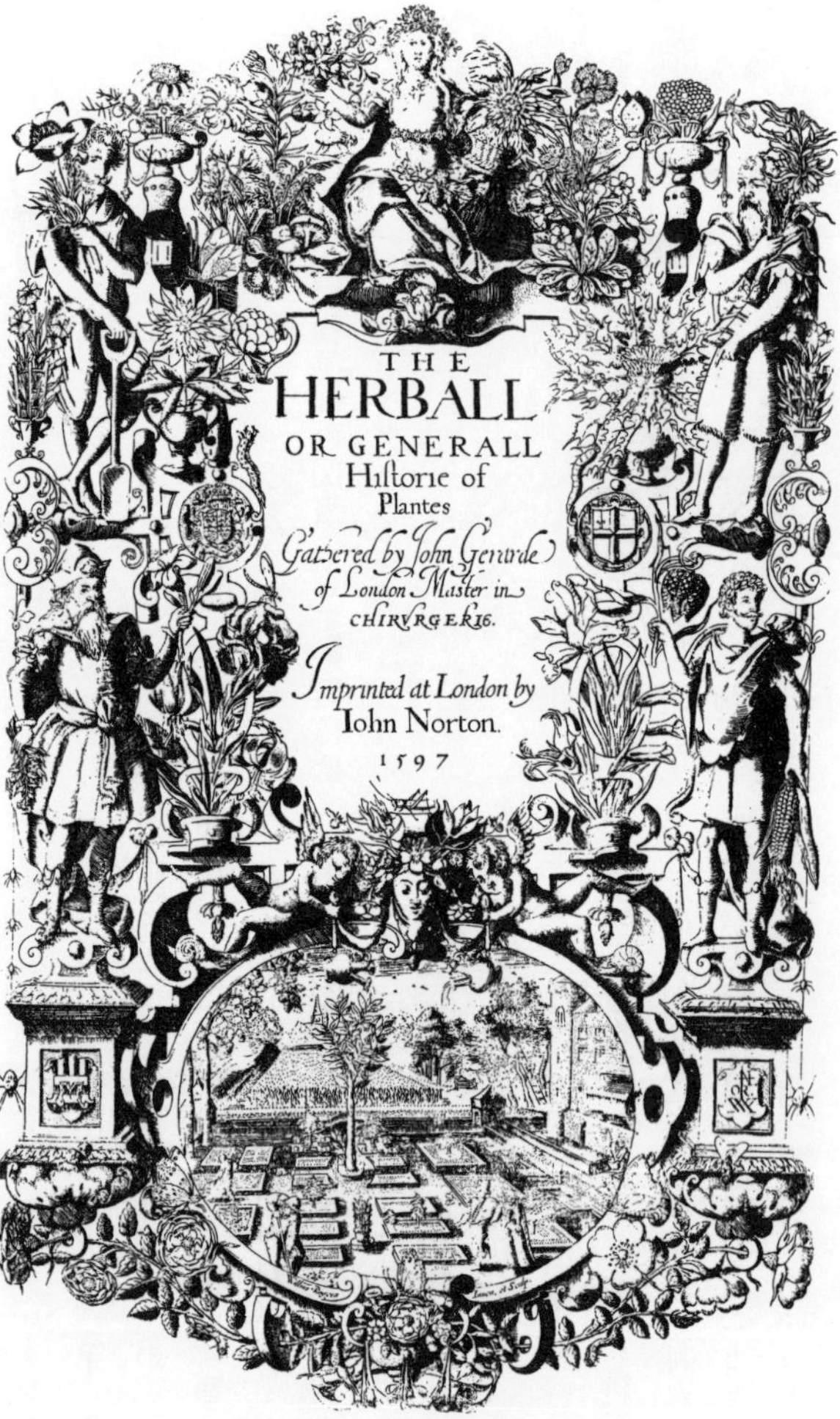

図13　ジョン・ジェラード著『本草誌』（1597年）の表紙

図 14　トマス・ジョンソン版『本草誌』(1633 年)

えば、ジョン・ジェラードが、一五九七年に出版した『本草誌』（*The Herball or Generall Historie of Plantes*）をとりあげないわけにはいかない（図13）。

ジェラードは、植物学の知識と経験を買われて、ロンドン市内や近郊の庭園の管理を実際に請け負った経歴をもつ。たとえば、エリザベス一世の主席顧問官であり、国務大臣を兼ね、希少植物の収集家でもあるウィリアム・セシルは、ロンドンのストランド通りにある邸宅と、ハートフォードシャのシアボールドにある庭園の管理を任せている。ジェラードが、セシルの庭園の世話を始めたのは、一五七七年のことであった。

ジェラード自身も、ホルボーンの自宅近くに庭を持っていた。一五九六年には、自らの庭の植物のカタログを作成しているが、そこに記載された植物の数は何と一〇〇〇種を超えているのだ。興味深いことには、現在、イギリス人の主食である「ジャガイモ」が初めて印刷物の中に登場するのも、このカタログであった（図12）。

ところで、それまでの本草誌は、植物の薬効の記述が中心であったが、この『本草誌』には、植物の装飾的価値についても記述されていて、たとえば、ジェラードは、花壇を飾る美しい花として、ユリ科のバイモの花を高く評価している。さらに、観賞用だけでなく食用の花もとりあげ、見た目に綺麗で味もよい、バラの花の砂糖漬けの作り方まで紹介するという面倒見のよさが特長となっている。

とはいえ、そのジェラードの『本草誌』も、いわくつきの「名著」で、他人の植物誌からの剽窃があるとか、誤記だらけだとか、いろいろな面で厳しい非難を浴びた。そこで、『本草誌』の拡張・改訂版を出そうということになったわけだが、改訂の大役を引き受けたのが、トマス・ジョンソンだった。彼は、ロンドンの薬剤師だったが、植物学者としても、物書きとしても才能を買われたのである。

かくして、一六三三年、ジョンソン版『本草誌』が、ジェラードの原本に訂正・改良・加筆を施して出版されたのである。ジョンソンは、バナナの絵を自ら描いて追加するなど、挿絵に手を加えただけでなく、カバーページも洗練されたものに一新した（図14）。ジョンソン版の『本草誌』は、その後も人気を博し、十八世紀後半になっても植物学者に利用され、その評判は十九世紀初頭になっても衰えなかったという。

実利的な園芸書の系譜

前節の本草誌の出版に引続き、園芸書の出版事情を見てみよう。

中世イギリスでは、庭園は屋敷の付属品のようなものであった。野菜、調理用ハーブ、果樹、薬草などの栽培が主な目的で、花も栽培されたが、観賞用よりも、むしろ実利的な用途のためであった。古代ローマ人が、ベッドにバラの花を撒いて芳香を楽しんだように、チューダー朝の人々は、寝室や客間を花で飾り、芳香剤として用いたのである。美しさと快楽のために、今までの家の付属品とは別に、庭が造られ始めたのは、チューダー朝最後のエリザベス一世の時代であり、国家が安定し、財政が豊かになってからであった。

十五・六世紀の園芸技術では、果樹栽培が重要な部分を占めており、とりわけ「接ぎ木」の知識と技術が庭師の腕の証しとされ、庭師ならば必ず身につけなければならぬ資格のようなものだった。

そのことは、イギリスで最初に印刷された園芸書の書名からも見て取れる。一五二〇年頃に、匿名の著者が出したもので、書名は『植木と接ぎ木の技術』(*The Crafte of Graffynge & Plantynge of Trees*) であった。

一般的な園芸書を最初に英語で書いたのは、トマス・ヒルで、その書名は『いかにして庭を耕し、種を蒔き、庭造りをするかを教える、すこぶる簡潔で愉快な論文』(*A Most Briefe and Pleasaunte Treatise, Teachyng How to Dresse, Sowe, and Set a Garden*) という長たらしいものであった。内容は、パラディウス、コルメラ、ウァロ、ルエリウス、ディオファネス、カトーらの、古代ローマの農業書や園芸書から、ヒル自身が園芸のアドバイスを集めてまとめたものと考えてよい。

この本でもまた、木版画のタイトルページが私たちの興味を引く。大まかにではあるが当時の庭の様子を垣間見ることができるのだ(図15)。

庭の形状は、一般に家屋に合わせた正方形で、庭は、高い塀、生垣、柵などで囲まれ、庭の内部には、直線の広い散歩道、狭い小道、塀の外を眺めるための築山《マウント》、腰を下ろして休憩する四阿、遊

図15　トマス・ヒル著『いかにして……簡潔で愉快な論文』（1563年）の標題紙

戯用の迷路、複雑な幾何学的模様が配置された結び目《ノット》花壇（常緑の低木を使った四角い枠の中に、ヒソップ、ラヴェンダー、ローズマリーなどのハーブやツゲ、あるいは色砂を用いて「飾り結び模様」をつくった花壇）がある。このヒルの園芸書は、後々さらに改定され、一五六八年には『有益な園芸技術』（*The Proffitable Arte of Gardening*）と題名を変えて出版された。

一五七七年には、ヒルの二冊目の著書『庭師の迷宮』（*The Gardeners Labyrinth*）が出版された。彼の存命中にではなく、死後、友人のヘンリー・デシックによって完成された。三人の紳士がテーブルを囲む木版画が使われているが、

図16　トマス・ヒル著『庭師の迷宮』（1577年）の標題紙

この作品も、エリザベス一世の時代の小さな庭園の雰囲気を伝える格好の材料である（図16）。

この時代の草本誌には、剽窃や他からの借用が多いと述べたが、イギリス独自の園芸書もある。レジナルド・スコット（一五三八？－九九年）が一五七四年に出版した、『ホップ園の完全なる基本方針』（*A Perfite Platforme of a Hoppe Garden*）もその一冊である。

内容は、題名が示すように、イギリスのホップ園の造園と管理について書いたものである。当時のイギリスでは、ホップはフランドル地方からの輸入品であり、一五二四年まで国内栽培が行われていなかった。スコットがこのような本を書いたのも、費用の嵩むホップの輸入を止めさせたいと思ったからであろう（図17）。

また、最初の野菜栽培専門の本は、一五九九年に出された、リチャード・ガーディナーの『家庭菜園の耕作、種蒔き、栽培のための有益な指針』（*Profitable Instructions for the Manuring, Sowing,*

図17　レジナルド・スコット著『ホップ園の完全なる基本指針』（1574年）の挿絵

and Planting of Kitchin Gardens）である。

ガーディナーは、ニンジン、キャベツ、カブ、パースニップ、レタス、豆、タマネギ、キュウリ、アンティチョーク、リーキなどの野菜を扱っているが、中でもニンジンにかなりの紙面を割いている。イギリス人が、ニンジンを増産しないのはけしからんと、批判しているのだ。

ところで、ジャガイモは、一五九六年に、ジェラードが作成したホルボーン庭園の植物カタログにはあったのに、ガーディナーの書物には登場しない。イギリスで、ジャガイモが本格的に栽培されるのは、一七世紀中頃、王立協会が、飢饉を防ぐ手段としてジャガイモの経済性に注目してからのことである。ジャガイモは、今でこそイギリスを代表するありふれた野菜だが、当時はまだ一般の食卓ではお目にかかれない珍しい食材だったようだ。

庭園ブームの社会的背景―王宮庭園の出現

ここまで、チューダー朝、とりわけエリザベス一世時代の庭園ブームの状況を見てきたが、こうしたブームはなぜ訪れたのだろうか。それは、前世紀に大流行したペストの危機も去り、バラ戦争（一四五五―八五年）の戦渦も収まり、社会が安定した時代を迎え、時の権力者が大規模な庭園造りに乗りだしたこと無関係ではあるまい。

この時代の、有名な庭園としては、ヘンリー八世（在位＝一五〇九―四七年）のナンサッチ宮殿の庭園、ハンプトン・コート宮殿の庭園、そして前にも述べたウィリアム・セシルのシアボールドの庭園などがある。

　中でも、王宮庭園は国王の権力と威光のシンボルであり、たとえばヘンリー八世のハンプトン・コート宮殿、ナンサッチ宮殿、ホワイトホール宮殿には、王家の家系や血統を誇示する目的で、庭園内の各所に、王自身の紋章が展示されていた。もちろん、庭園の構成要素は、大部分が、歩道、築山、バラ園、泉、四阿など、中世庭園の伝統をそのまま継承しているのだが、それに、紋章動物や紋章を付け加えたわけである。

　ちなみに、ヘンリー八世の紋章動物とは、ライオン、竜《ドラゴン》、グレーハウンド、アンテロープ、牡鹿であり、それぞれが、鮮やかな色彩や金メッキが施され、白か、白と緑のストライプ模様の柱の上に据えられていた。さらに、動物たちが、国王の紋章、チューダー朝の薔薇をあしらった旗や翼板などを持っていることも見逃せない。

ハンプトン・コート宮殿――ヘンリー八世は修道院を解散した

　次に、ヘンリー八世の王宮庭園のうち、ハンプトン・コート宮殿をとりあげよう。

　イギリスに、この種の王宮庭園の前例はなかったし、この庭園には、以後ジェイムズ一世（在位＝一六〇三―二五年）までの、王宮庭園の発展の礎となるようなデザインやレイアウトが施されているからだ。

ハンプトン・コート宮殿は、ロンドンの南西、リッチモンド・アポン・テムズにあり、もともと、枢機卿《ガーディナル》トマス・ウールジーが、別邸として建造したものであった。ウールジーは、一五一五年にヘンリー八世の大法官になり、国王よりも財力を蓄えたために、周囲の羨望と嫉妬の的となり、その強い自己顕示欲も災いして、多くの政敵を作ってしまう。そこでヘンリー八世の恩寵を留めるために、ハンプトン・コートを国王に献上したのである。

その際の、二人のやりとりについて、次のような逸話が残っている。怒りをあらわにしたヘンリー八世が、声を荒らげて「家臣の分際で、あのような豪奢な宮殿を建てるとはなぁ」と切り出す。するとウールジーは、国王の腹の中まで見透かしたように「ご主人様に差し上げるためでございます」と答えたという。しかし、ウールジーは、一五二九年、すべての官位を剝奪され、全財産までも没収され、さしもの権力も失墜した。


ヘンリー八世の所有物となると、外観も大いに改装されたので、その様子を眺めてみよう。

ハンプトン・コート宮殿の中心的な構成要素は、つぎの三つの庭園である。

①マウント・ガーデン（Mount Garden）
文字通り築山《マウント》のある庭園だ。塀に囲まれ、奥まった内庭であるだけではなく、築山の頂上からは、テムズ川の美しい情景を見渡すことができた。築山だけなら、中世庭園にも見られるが、ハンプト

ン・コート宮殿のものはスケールが大きく、山頂に、何百もの紋章動物が配置されているのが特徴で、それは近隣のどこからでも眺めることができた。築山には、頂上にまで、螺旋状に続く生垣の小道があり、頂上の四阿には、王家の紋章を保持するライオンが飾られていた。

②プリヴィ・ガーデン（Privy　Garden）

イタリア語の“giardino secreto”「閉ざされた庭園」に相当するもので、「奥まった内庭」というほどの意味である。宮殿の窓からも眺められるように、建物に近接して造営されており、二十個もの日時計があちこちに据えられていた。

庭園の形は大きな長方形で、その中は、さらに小さな正方形に区切られている。フランスの初期ルネッサンスを代表する、ブロア庭園（図18）、ガイロン庭園（図19）の影響であろう。花壇はチューダー朝の「結び目花壇」であり、スミレ、サクラソウ、ミント、ナデシコ、バラなど、香のよい花々が植えられていた。

③ポンド・ガーデン（Pond　Garden）

今でも、当時の面影を残す庭園である（図20）。中央が周囲よりも低い「沈床式庭園」で、その両側には土壇があり、中世庭園の芝生の腰掛けを髣髴とさせる。また、庭の中心には、魚の住む大きな水槽があり、その周囲にも紋章動物が立てられていた。

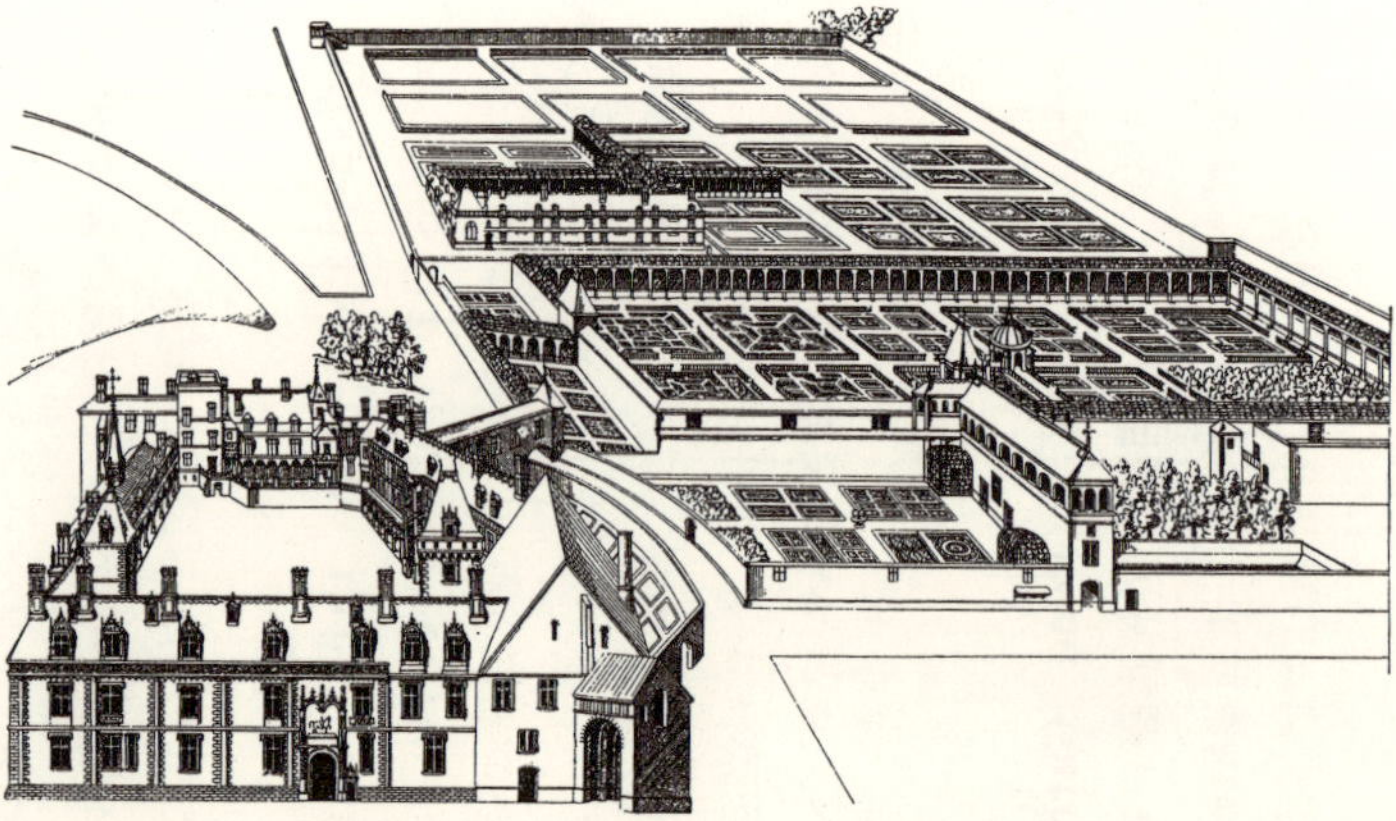

図 18　フランス，ブロアの庭園

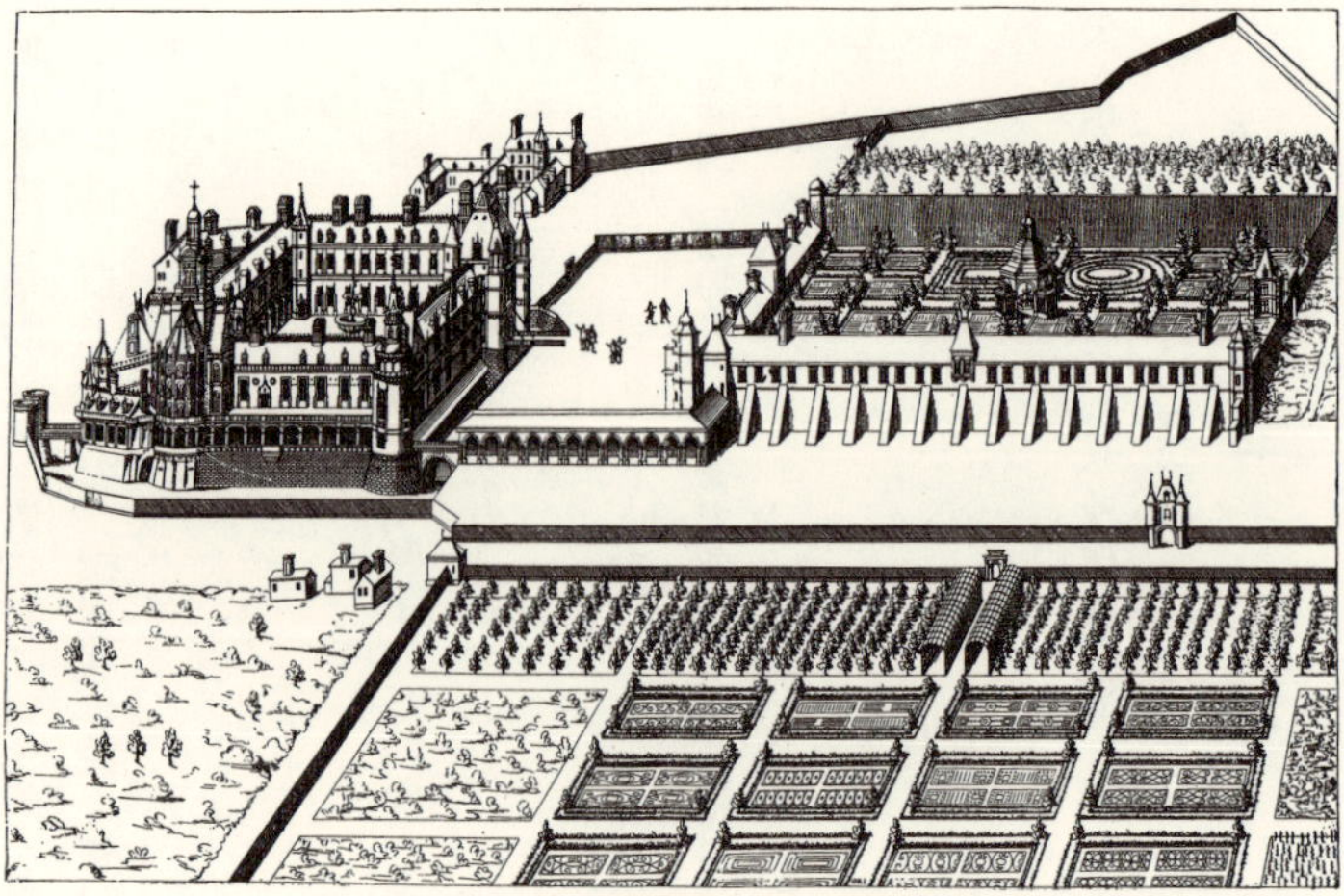

図 19　フランス，ガイロンの庭園

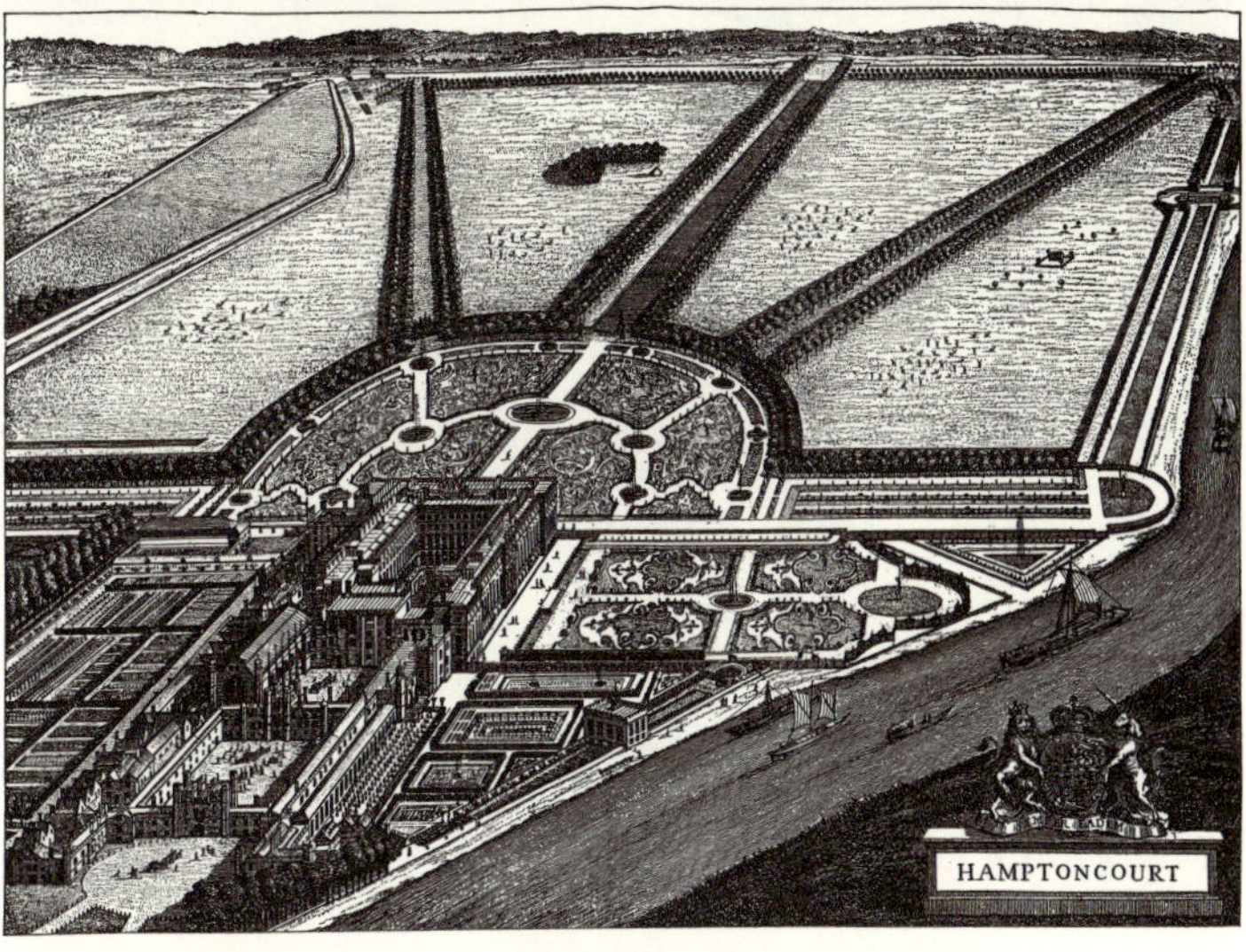

図20　ハンプトン・コート宮殿のポンド・ガーデン
図21　ウィリアムとメアリの時代のハンプトン・コート

ではなぜ、ヘンリー八世は、このような豪華な宮殿庭園（図21）を造営したのだろうか。まず、ヘンリー八世は、フランス王フランソワ一世に対抗意識を燃やし、フォンテヌブロー宮殿を凌ぐような立派な宮殿を造ろうとしたことが考えられる。

だが、宮殿にしろ、庭園にしろ、豪奢であればあるほど、資金がかさむ。ヘンリー八世の資金源は、修道院解散の断行であろう。一五三六年と一五三九年に、大小五〇八の修道院を解散し、没収した寺領の大部分を、貴族や商人に売却した結果、国王の懐には巨万の富が転がり込んだからである。

最後に、庭園を飾る紋章動物について一言付け加えておきたい。

バッジや紋章動物は、もともと、エドワード三世（在位＝一三二七─七七年）の宮廷で流行したもので、特に紋章動物は、王家の建造物の装飾に用いられていた。ハンプトン・コート宮殿の紋章動物は、建物の延長として、庭園装飾にも使われたと考えればよい（図22）。

紋章をそうした場所に飾るのは、国王の絶大な権力と威徳とを顕示し、チューダー朝による国家安寧と平和を宣言するための装置だとする見方が一般的である。

だが、それだけの理由ではなく、背後には、チューダー朝の家系の問題もあるようだ。チューダー朝の成立は、血統的には継承権が不明瞭であったし、また、ノルマン人のウイリアム一世征服王（在位＝一〇六六─八七年）が、圧倒的な武力によって征服したのとも訳が異なる。チューダー王家には、王朝を基礎づける政治的な装置が必要だったのである。

ヘンリー八世が、自らの家系がアーサー王の系列にあたることを「学問的」に示すために、旧事古書調査係のジョン・リーランドに『アーサー王実在説』を書かせたことを思い出してもらいたい。紋章動物も、アーサー王史観も、チューダー王家の血統の正当性を示し、威光を高めるための効果的なプロパガンダであったに違いない。

ナンサッチ宮殿はエリザベス一世のお気に入りの場

ナンサッチ宮殿（図23）は、ヘンリー八世が、一五三八年ごろに、サリーに建造したものである。やはり、フランソワ一世のフォンテヌブロー宮殿（図24）を顔色なからしめようと考えたのだが、宮殿は未完成のまま、一五四七年に他界してしまった。

娘のメアリー一世（在位＝一五五三―五八年）の時代に、建物が一時破壊されたこともあったが、アランデルの伯爵、ヘンリー・フィッツアランがそれを購入し、再建して、宮殿内の庭園も設計した。フィッツアランといえば、蔵書と美術品の収集で一名を馳せた人物であったから、芸術を愛する伯爵のお蔭で、ナンサッチ宮殿は、「王国の真珠」といわれるまでに整備され、後に、エリザベス一世のお気に入りのリゾートとなった。エリザベス一世は、ヘンリー八世がウールジーにしたような荒療治には走らず、フィッツアランの思うままに宮殿を造営させた。そして、フィッツアランが他界してから、買い取ったのである。

ナンサッチの猟園では、狩りを楽しむために、野生動物が放たれており、エリザベス女王は六十七歳の高齢になっても狩猟グループに加わり、元気に獲物を追いかけていたという。女王が他界したのも、この宮殿であった。

図22　ハンプトン・コート宮殿の庭　柱の上に紋章動物のグレーハウンド

図 23　フランス，フォンテヌブローのオランジェリー

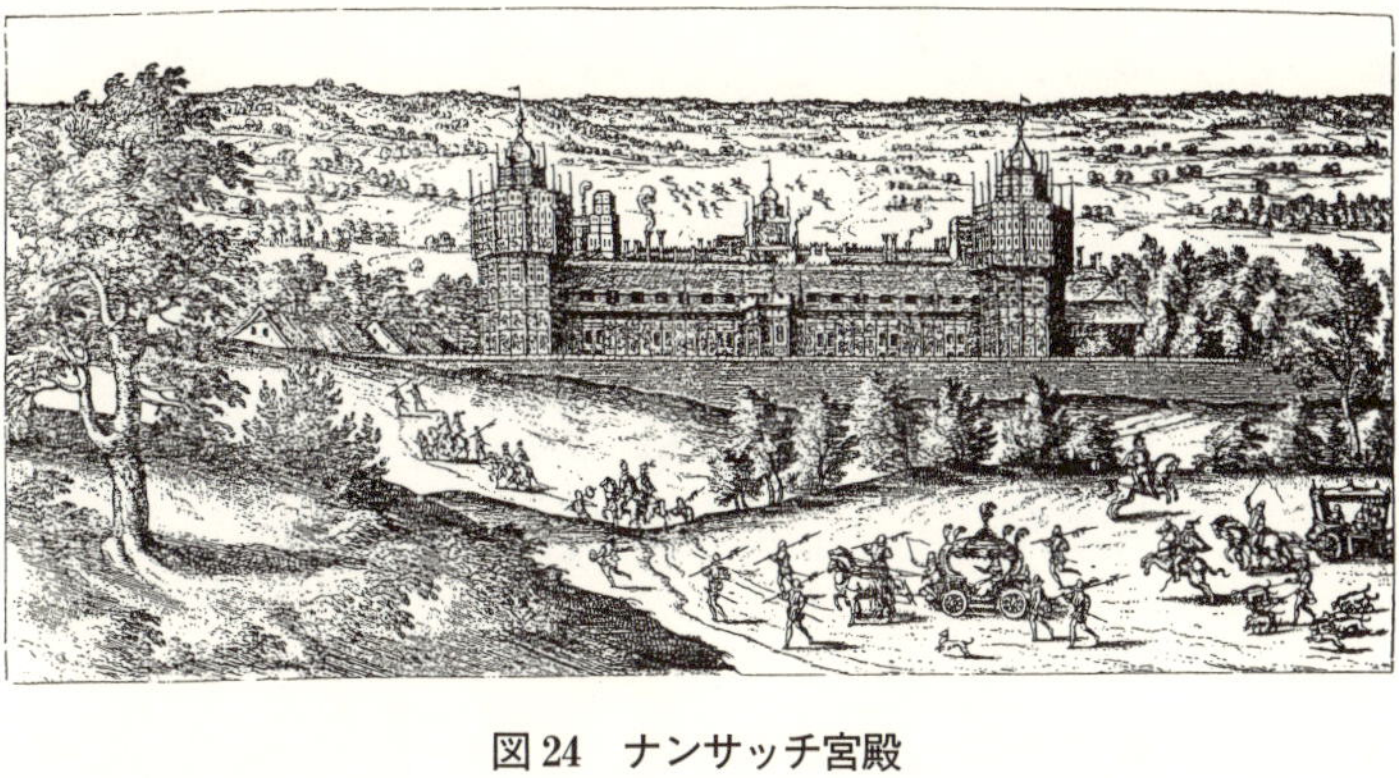

図 24　ナンサッチ宮殿

有用植物への飽くなき探究心

さて、この時代の特色として、薬草や、希少価値のある植物を栽培するために、個人庭園が造られたことに注目したい。

実例としては、エドワード六世（在位＝一五四七―五三年）の幼少時の摂政、サマセット公爵エドワードが、ミドルセックス州アイルワースのサイオンに所有していた庭園とか、ウィリアム・ターナーが、キューとウェルズに所有していた庭園、そしてホルボーンのジェラードの庭園などがある。

これらの私的な庭園では、植物栽培の目的は、植物学的知識を増進させることであり、これらの庭園が見本になって、後の、オックスフォード、チェルシー、エディンバラの植物園へと発展していった事実を押さえておきたい。

また、エリザベス一世の治世は、航海者や探検家が活躍した時代でもあった。

彼らは、インド、アメリカ、カナリア諸島をはじめ、世界各地に出かけて行き、珍しい植物や薬草をイギリス本国に持ち帰った。貴族も、紳士も、商人も、珍しい植物を集めない者はいないと言われるほどに、空前の外来植物ブームを迎えたのである。

商業用植物の採集が始まったのも、この時代であった。地理学者で歴史家のリチャード・ハクルート（一五五二?―一六一六年）は、一五七九年に、染物師のモーガン・ハブルソーンから、「どこに行けば新しい染料があるのか」と尋ねられ、「ペルシアに行けば、藍染料のナンバンコマツナギがある」と教えているという具合なのだ。

最後に、チューダー朝時代に、英語で「ハズバンドリー」(husbandry) と呼ばれるものが流行したことも注目に値する。日本語では「農業学」とか「家政学」とか訳されているが、その対象分野に、土地の耕作、庭・果樹園・森の管理、家畜・家禽の世話、養蜂、養蚕までをも含む、たいへん幅の広い言葉だ。

一五二三年出版の、ジョン・フィッツハーバート著、『ハズバンドリーの本』(*The Boke of Husbandry*)、一五五七年出版の、トマス・タッサー著、『ハズバンドリーの百の要点』(*A Hundreth Good Pointes of Husbandrie*) などが、注目を浴びたことをご紹介しておこう。これらの本には、有益な園芸情報が満載されており、多くの版を重ねたということである。

第五章　宗教改革とイギリス庭園——十七世紀の庭園　その一

歴史的背景――ルネッサンスと宗教改革の大きなうねりの中で

十七世紀は、まさにイギリス史における「革命の世紀」であった。この世紀の庭園史を語る前に、歴史の流れを簡単に整理しておこう。

一六四二年には、ピューリタン革命（一六四二―四九年）が勃発した。政治的実力を蓄えた議会派がスチュアート王権に挑戦したもので、最終段階で、オリヴァー・クロムウェルの率いる議会派が勝利を収めた。その結果、一六四九年には、国王チャールズ一世（在位＝一六二五―四九年）が断頭台の露と消え、イギリス史で一度きりの共和制時代（一六四九―一六六〇年）を迎える。

その後、一六六〇年の王政復古によって、チャールズ二世（在位＝一六六〇―八五年）が即位し、ピューリタンの時代は終わりを告げた。続くジェイムズ二世（在位＝一六八五―八八年）が、再び専制政治に走ったため、ジェイムズの長女メアリの夫で、オランダ総督ウィリアムを国王に迎え、「名誉革命」（一六八八―八九年）が行われて、より強固な立憲体制が確立した。

このような、政治の大地殻変動は、社会全体の基盤を揺るがせ、当然ながら、人々の生活にも、庭園にも大きな影響を与えることになった。

ピューリタン革命においては、国王の権力を象徴する偶像はことごとく破壊された。王宮庭園も例外ではなかった。たとえば、ナンサッチ宮殿の庭園では、大部分の樹木が跡形もなく切り倒されたというし、シアボールド庭園は、区分けして売却されたらしい。さらに、ウィンブルドンにあった、ヘンリエッタ女王お気に入りの庭園も、地上から完全に姿を消してしまった。

だが、ピューリタンが、すべての庭園を破壊したというわけではない。もちろん、ピューリタンは、美と快楽の追求のためだけの庭園を不必要と感じ、高い石塀で囲まれた王侯貴族の庭園を、権力的利己主義の象徴と見なした。

他方、聖書主義の立場をとる彼らは、菜園や果樹園のような実用的な庭園を大切に思い、それに関連する農業技術の開発を積極的に促進する態度をとった。『創世記』の「エデンの園」という理想の庭園が、常に心の中に存在していたからだが、ただ理念的に捉えるだけではなく、現実に、科学技術を用いて、イギリス全土をエデンの園のような楽園にしようと試みたのである。こうした「失楽園」の復興運動の過程で、科学としての植物学が発達し、公共善という理念を進めることで、庭園も発達したと言ってよいだろう。

それからもう一つ、ルネッサンス文化の影響を見逃すことができない。

革命の結果、勝者と敗者が生まれ、敗者が勝者から圧力や迫害を受けるのは世の常であり、ピューリタン革命も例外ではなかった。革命が成功した時には王党派が、王政復古の際は議会派が、それぞれ、都会における宗教的・政治的な動乱を避け、身の安全や心の癒しを求めて田舎へ追いやられた。そして、庭園という私的な空間の中に、また、庭園内での労働と瞑想の中に、牧歌的隠遁生活のささやかな楽しみを見出そうとしたのである。

そうした、田園でのライフスタイルに、一つのモデルを提供したのが、ルネッサンスの人文主義的伝統であり、ギリシア・ローマ古典の牧歌的世界観であった。

このように、十七世紀のイギリスの庭園文化には、ルネッサンスと宗教改革という二つの大きな歴史のうねりが、多大な影響を及ぼしているのである。

本章では、以上のような視点から、当時の庭園と思想・文化との関係を掘り下げてみようと思うが、その前にまず、本草誌や園芸書が、中世やエリザベス朝からどのような発展をとげているかを押さえておきたい。

薬草・医術の本草誌から草花を愛でる本草誌に

宗教革命の嵐が吹き荒れる動乱期に、のんびりと庭いじりの本を読む余裕など到底ありえないように思われるだろう。

しかし、十七世紀を通して出版された本草誌や園芸書の総数は、イギリス初の活版印刷業者のカクストン（一四二二?—九一年）の時代から、十六世紀末年の一六〇〇年までに出版された書籍総数の約五倍にものぼっているのである。さすがに、革命期には本の数が激減したが、十七世紀全体から見れば、中世やエリザベス朝よりも遥かに発展したといえるだろう。

まず、本草誌で、十七世紀前半を代表する人物といえば、ジョン・パーキンソン（一五六七―一六五〇年）だろう。パーキンソンは、一六二九年に、『日のあたる楽園、地上の楽園』（*Paradisi in sole, paradisus terrestris*）を出版している。彼は、王党派の庭園論者であり、「薬剤師」としての腕を買われ、ジェームス一世の「薬草医」に任命された人物でもある。その後、同書をチャールズ一世の妃、ヘンリエッタ・マライアに献上して、「王室主席植物学者」（*Botanicus Regius Primarius*）の称号を与えられている。

さて、本書は、第一部の「花園」、第二部の「菜園」、第三部の「果樹園」という三部から成り立っている。本書の際立った特徴は、中世の菜園の単なる実用主義とは異なり、「歓喜と悦楽の庭園」にふさわしい美しい植物を特筆していることである（図25）。また随所に見られる、植物への愛情や、美しさに対する研ぎ澄まされた感覚も、医術・治療だけを目的とした従来の本草誌には見られない特徴であろう。

図25　フレンチ・マリゴールドの挿絵

もちろん、有用植物を利用するための実用情報も満載されている。たとえば、第二部の「菜園」では、「サラダ」作り（salad の古い形の sallet が使われている）や、その他の料理のためのハーブや根菜についての記載があり、当時の一般的な菜園と食生活の関係を垣間見ることができて興味深い。

またこの本には、海外各地で新種の植物採集を行った、ジョン・トラデスカントの名前がしばしば登場する。トラデスカントの採集地は、北海沿岸低地帯のベルギー、ルクセンブルグ、オランダなどや、フランス、ロシア、アルジェリア、地中海地方などであった。またその息子は、ヴァージニアや西インド諸島を探検し、親子そろって植物採集家であった。二人協力して、ロンドンのランベス地区に、「トラデスカントの箱舟《アーク》」と呼ばれる博物館兼植物園を開設したことでも知られている。

珍しい植物の収集家として、トラデスカントに劣らず熱心だったのは、パーキンソンで、ロング・エイカーに自らの庭園を構えたが、トマス・ジョンソン、ジョン・グディアといった、当時の名だたる植物学者が、植物の種子を集めに訪れるほど有名な庭園であった。

森林を失ったイギリスの国土を、植樹によって楽園に

十七世紀前半を代表する造園家がパーキンソンだとしたら、十七世紀後半を代表する人物は、ジョン・イーヴリン（一六二〇―一七〇六年）であろう。イーヴリンは、英国王立協会の重鎮でもあ

り、一六六四年、王立協会とチャールズ二世に、森林の樹木に関する著書『シルヴァ——森林論』（図26）(*Sylva*) を献呈している。同協会の要請を受けて出版されたのは、本書が初めてで、出版当初から大成功を収め、再版のたびに内容が拡充され、一六四四年から一七〇六年までの間に、四版になっている。

『シルヴァ』は、様々な森林樹木の栽培法や、木材の利用法を記述した本で、人気を博した理由には、当時のイギリスの深刻な社会状況があった。イギリスでは、十六世紀から十七世紀にかけて、家庭燃料をはじめ、製鉄業やガラス製造で木炭を大量に消費し、森林伐採が進み、さらに、伐採後の土地が、小麦畑や牧場に転用されて、森林に戻らなかった。そのため、イギリス国内では、重大な木材不足を招いたのである。植林がなされないまま、森林破壊が進行していたということで、その結果、王政復古以後には、造船用の木材確保すら難しくなり、イギリス海軍が、王立協会に植林の要請をするにいたり、国防にかかわるほどの重要問題となったのである

また、『シルヴァ』成功の陰には、イーヴリンの教養と文芸の才能もあったようだ。古典文学や、同時代の書物から多数の引用をし、逸話を交えることで、ピューリタンの園芸書にありがちな抹香臭さや、実用主義の味気なさを、巧みに緩和することができたのである。

SYLVA,

Or A DISCOURSE Of

FOREST-TREES,

AND THE

Propagation of Timber

In His MAJESTIES Dominions.

By *J. E.* Esq;

As it was Deliver'd in the *ROYAL SOCIETY* the xv[th] of *October*, CIƆIƆCLXII. upon Occasion of certain *Quæries* Propounded to that *Illustrious Assembly*, by the *Honorable* the Principal *Officers*, and *Commissioners* of the *Navy*.

To which is annexed

POMONA Or, An *Appendix* concerning *Fruit-Trees* in relation to *CIDER*; The *Making* and several ways of *Ordering* it.

Published by express Order *of the* ROYAL SOCIETY.

ALSO

KALENDARIUM HORTENSE; Or, *Gard'ners Almanac*; Directing *what* he is to do *Monethly* throughout the *Year*.

——Tibi res antiquæ laudis & artis
Ingredior, tantos ausus recludere fonteis. Virg.

LONDON, Printed by *Jo. Martyn*, and *Ja. Allestry*, Printers to the *Royal Society*, and are to be sold at their Shop at the *Bell* in S. *Paul's* Church-yard, MDCLXIV.

図26　イーヴリン著『シルヴァ』の表紙

王政復古後の時代に本格的な果樹園が発達する

十七世紀後半になると、園芸関係の本の出版も増える。その時代の注目すべき特徴は、大部分が果樹栽培をテーマにしているということだ。それは、ピューリタン革命後の共和制時代に始まった農地改革運動と深い関連があり、王政復古後も、ピューリタンは果樹園改良を目指し、果樹栽培を中心とした庭園作りにいそしんだのである。

もちろん、王政復古以前にも、この種の書物は出回っていた。たとえば、一六一八年には、ウィリアム・ローソンが、『新しい果樹園と庭園』(*A New Orchard and Garden*)を出版している。著者に関しては、イングランド北部ヨークシャの果樹園と庭園の経営者という以外に何も知られていないが、この本が注目されるわけは、本論よりも、「田舎の主婦の庭……養蜂とともに」と題された付録の論文の方である。

それまでは、「ハズバンドリー」といわれるように、庭仕事や農業はもっぱら「ハズバンドマン」たる男性の領域であったのだが、ローソンの論文では、はっきりと「主婦の庭」と書かれている。イギリス初めての、女性のための庭園論の誕生といえるだろう。その内容は、薬草や菜園など、家庭の主婦に役立つの実用的な情報が中心で、結び目花壇の図柄(図27)、養蜂のためのアドバイス

図 27　ローソン著『新しい果樹園と庭園』の扉絵と，結び目花壇の模様（一例）と迷路（メイズ）（ローソン著「田舎の主婦の庭」より）

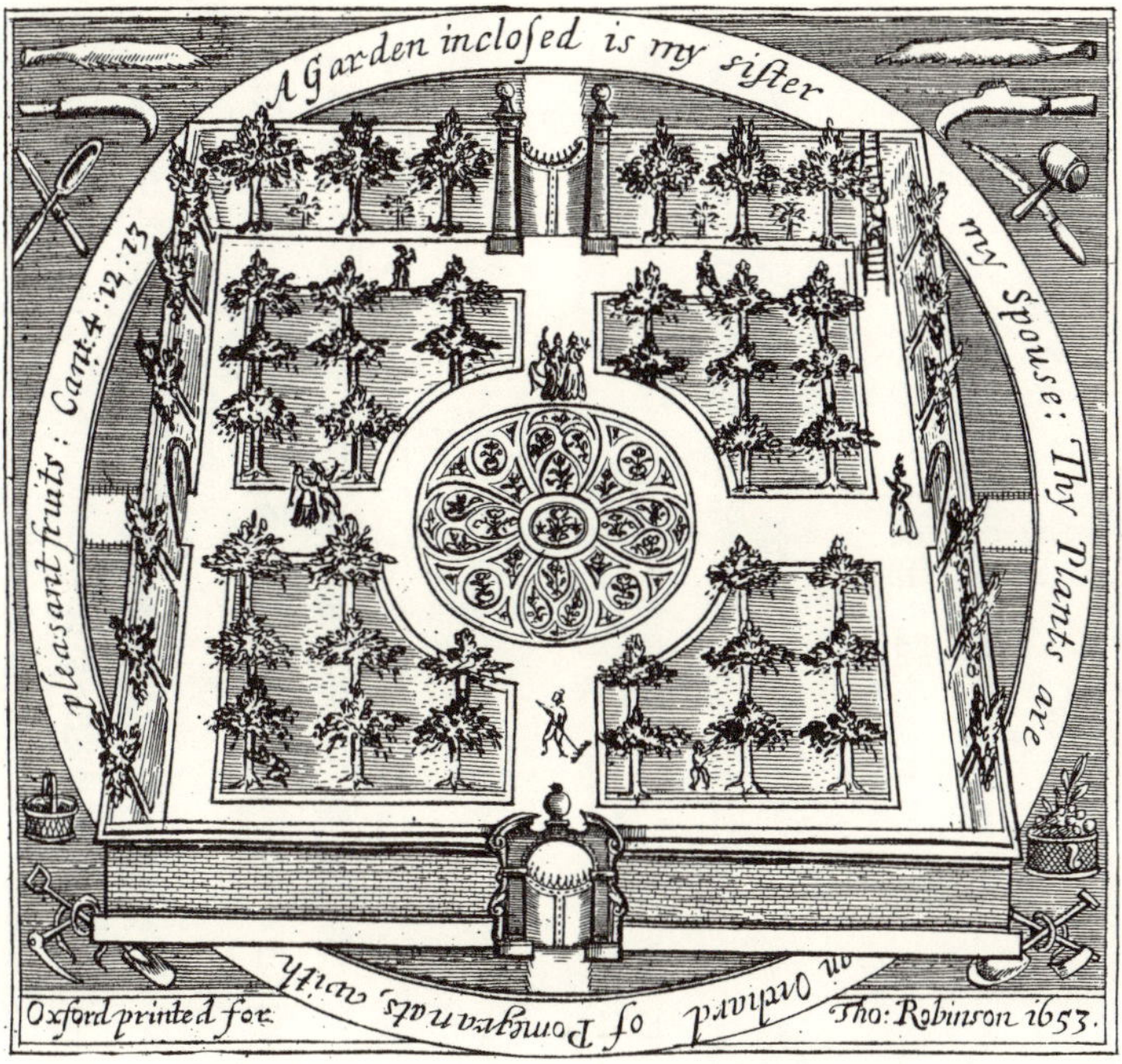

図 28　ラルフ・オースティン著『果樹論』より

も収載されている。この論文の新味は何かというと、新しい流行である「快楽のための」庭園思想に歩調を合わせ、楽しむための主要庭園と、旧来の実用的菜園とを、きちんと区分けしていることであろう。

しかし、本格的な果樹論が数多く世にでるようになるのは、出版状況が安定する王政復古以降のことである。

オックスフォードの庭師で、著述家のラルフ・オースティンは、一六五三年に、『果樹論』（*A Treatise of Fruit-trees*）を出版している。その表紙絵では、結び目花壇を中央に置き、その周囲の果樹園には整然と樹木が植えられており、「利益」と「喜び」とが手を結んだ象徴的な図が描かれている（図28）。オースティンはピューリタンで、本文中では、いかにも聖書主義者らしく、聖書からの引用句を交えながら、植樹と果樹栽培に有益な情報を提供している。

本書と共に、「果樹園の霊的な利用」という小論も出版されたが、こちらの方は、聖書への言及ばかりがやたらに多いだけで、実用に役立つ園芸情報がないため、実際に庭仕事に携わる者にはほとんど価値がなく、敬遠された。そのためか、一六六五年の第三版では、この小論がカットされている。

王立協会会員のジョン・ビール（一六〇三―八二？年）は、生れ故郷であるヘレフォードシャーの果樹栽培の発展を願って、一六五七年に、『ヘレフォードシャの果樹園、全イングランドの模範』（*Herefordshire Orchards, a Pattern for All England*）を著した。題名にもあるように、地元で果樹栽培を成功させ、それをイギリス全土に広めようとしたのである。

珍しいところでは、ブドウ栽培に関する本もある。たとえば、ウィリアム・ヒューズは、一六六五年に、ブドウの木の栽培、ブドウの実の収穫、ワインの製法などを記した『完全なる葡萄園』（*The Compleat Vineyard*）を出した。また、セント・ジェイムズ宮殿の国王専属庭師ジョン・ローズが、一六六六年に、『イギリス葡萄園擁護論』（*The English Vineyard Vindicated*）を出版し、注目を浴びた。著者は、ローズとなっているが、実際はイーヴリンの作と言われている。こうした本は、ブドウの栽培とワイン産業の奨励をねらったものだが、残念ながら期待するほどの成果はあがらなかった。

さらに一六八一年には、四人の庭師によって、ブロンプトン・パーク養樹園《ナーサリー》が設立されている。ヘンリエッタ・マライア王妃の庭師＝ロジャー・ルッカー、エッセクス伯アーサー・ケイペルの庭師＝モーゼズ・クック、第五代ベッドフォード伯爵ウィリアム・ラッセルの庭師＝ジョン・フィールド、英国国教会のロンドン主教ヘンリー・コムプトンの庭師＝ジョージ・ロンドンという、堂々たる顔ぶれである。

その後、ジョージ・ロンドンはヘンリー・ワイズ（一六五三—一七三八年）とともに、イギリスを代表する養樹園、ブロンプトン・パークを設立する。ちなみに、この二人は、ル・ノートルを旗手とするフランス整形庭園派に属し、この時代を代表する庭園設計家でもあった。

北方のイギリス人がオレンジに託した見果てぬ夢

この時代には、新たに、オレンジやレモンなどの柑橘類の果樹栽培が試みられた。

そのために、特別のガラス張りの温室が建てられ、「標本植物温室《コンサーヴァトリー》」、「オレンジ栽培温室《オランジェリー》」、「温室《グリーンハウス》」など、いろいろな呼び方がされた。夏の間に鉢やケースに入れて屋外に出していた植物

図29　A・P・リースブラック「オレンジの木の庭と円形建物」

を、冬の期間中、霜や冷気を避けて室内に保管するための施設である。特に、王政復古後、このような温室が広く普及し、イギリスの気候では育ちにくい植物の栽培に対する興味が高まっていった。

オレンジが、いつヨーロッパに植えられたかは定かではない。しかし、様々な柑橘類は、アラブ世界、イスラム圏の拡大により、スペインにも入っていたようだ。スペインでは、すでに十一世紀にオレンジの栽培を始め、十五世紀になる頃にはイスラム教徒だけがこの実を味わうことが許されていた。だとすれば、中世ヨーロッパの庭園形式と同様に、十字軍兵士がこの植物をヨーロッパに伝えた可能性も十分にある。

では、各国への、柑橘類の移入状況を見てみよう。

イタリアでは、一二〇〇年に、聖ドミニクス（一一七〇―一二二一年）がローマに植えたのが最古の記録であると言われている。フランスでは、スペインから種子を取り寄せたらしいし、ドイツでは、十六世紀にイタリアから柑橘類を箱詰めにして送らせたという。

イギリスでは、王宮庭園の設計で活躍したサロモン・ドゥ・コーが、『宮殿庭園』（*Hortus palatinus* 一六二〇年）という本の中で、ドイツのハイデルベルグにあるオランジェリーに関して、詳細な報告を残している。イギリスに、柑橘類栽培の情報をもたらしたのは、外国人の庭園設計者だったのかもしれない。

いずれにせよ、イギリスにおけるオランジェリーの発達は、単に北方のイギリス人が温暖な南方に憧れを抱いていたということだけでは説明できないだろう。その背後には、キリスト教のエデンの園や、古代ギリシアのアルキノオス王の果樹園など、はるか彼方の楽園に対するイギリス人の見果てぬ夢が見え隠れするのである。

十七世紀の園芸事情

十七世紀後半最大の園芸書の著者、ジョン・イーヴリンのことを、もう少し紹介しよう。イーヴリンは、一六四三年から四七年まで海外に滞在していたので、フランスやイタリアの庭園には馴染みがあり、『園芸暦《カレンダリウム・ホルテンセ》』（*Kalendarium hortense*）、翻訳版『フランスの庭師』（*The French Gardiner*）などの園芸書を出版している。

『園芸暦』は『シルヴァ』の付録であるが、イギリスで最初に出版された庭師のためのカレンダ

図30　イーヴリン著『フランスの庭師』の挿絵

ーである。『フランスの庭師』は、一六五一年に、パリで出版された論文（*Le jardinier françois*）の翻訳書で、イーヴリンが最初に手がけた園芸書といわれる。その完成は、彼の『日記』によれば、一六五八年一二月六日だという。

イーヴリンは、書物だけでなく、実際の植物学知識や園芸経験も豊かであった。

一六五四年七月十二日の『日記』には、オックスフォード薬草園を訪れた記録が残っているし、一六五二年に、ロンドンの旧自治区デットフォードのセイズ・コートに落ち着いてからは、自らの庭園も造っている。

当時の園芸道具や農機具について

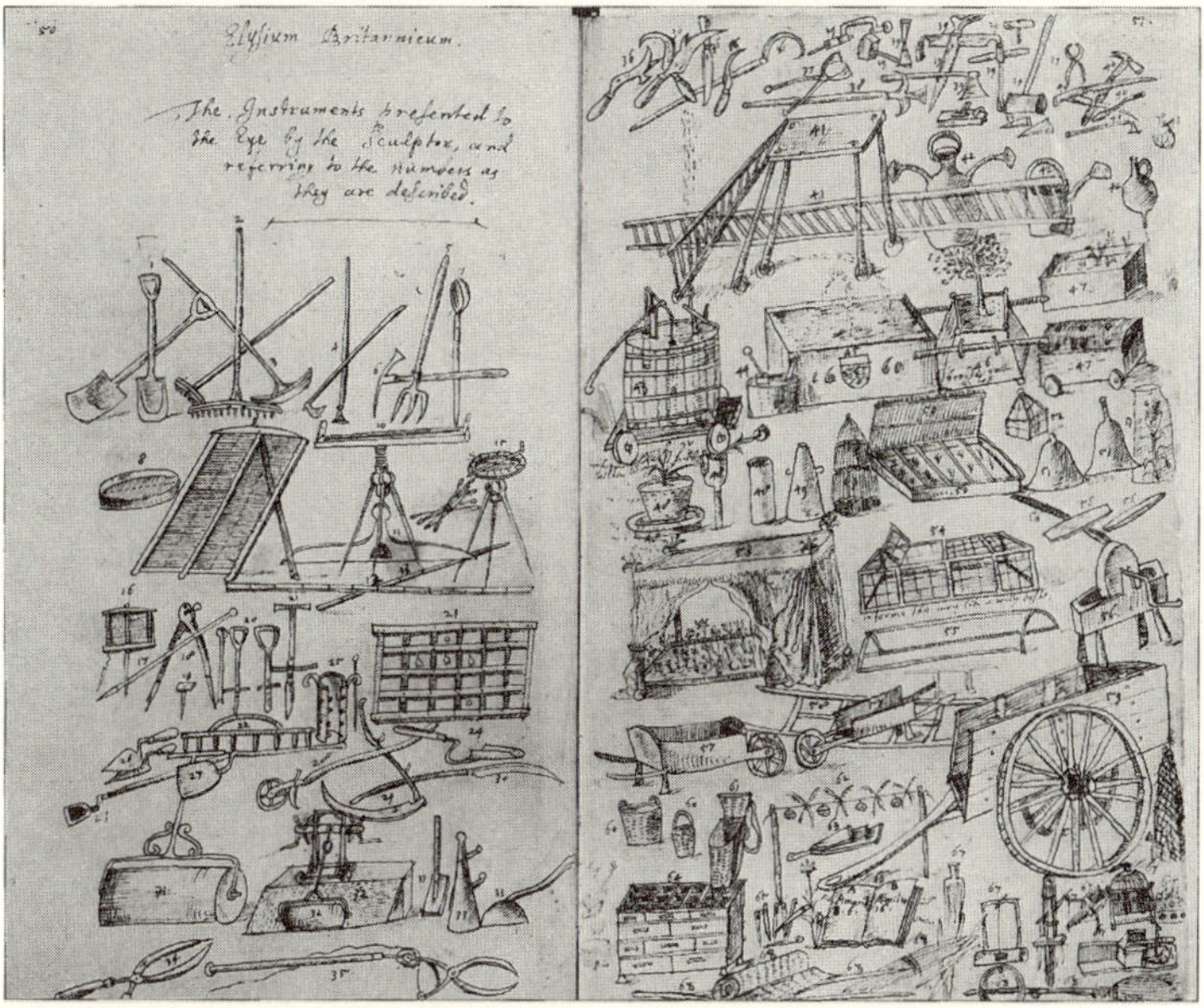

図 31　園芸道具（イーヴリン著『英国の桃源郷』より）

知りたければ、イーヴリンの未刊の庭園大全『英国の桃源郷《エリュシウム・ブリタンニクム》』（*Elysium britannicum*）所収の、「庭師の道具」の挿絵を参照すればよい（図4）。これを見ると、イーヴリンの時代においてすでに、現代でも充分通用するような、接ぎ木用器具や耕作用農具が使われていたことがわかるだろう。今から三百年以上も昔の道具とは思えぬほど、その完成度は高い。

一六九三年には、『ジョン・イーヴリン英訳による……完全なる庭師』（*The Compleat Gard'ner ...: Made English by John Evelyn*）が出版されるが、この原本も、フランスのルイ十四世の庭師、ジャン・ドゥ・ラ・クワンティン（一六二六—

八八年）の『果樹園と菜園のための指針』（*Instruction pour les jardins fruitiers et potagers*）だとされている。しかし、イーヴリンは名前を貸しただけで、原稿に眼を通していたとしても、実際の翻訳は、ジョージ・ロンドンとヘンリー・ワイズによるものらしい。いずれにせよ、王政復古後は、フランスを中心とした、大陸の園芸家や庭園設計家から大きな影響を受けるようになり、翻訳書も数多く出版されたことがわかる。

ジョン・リー（?―一六八一年）は、経験を積んだ庭師で、一六六五年に、『植物誌《フローラ》―花栽培、完全なる花譜について』（*Flora: seu, de florum cultura. or, A Complete Florilege*）を出版した（題名の *Flora* を『花』とする翻訳書もあるが、『オックスフォード英語辞典』では flora を「特定の地理学的地域、地質学的時代の植物の記述的なカタログ」と定義し、本書の題名が事例に出ているので、「植物誌」を訳語とした）。

リーは、この本を出版するまでに、少なくとも四十年の修行を積んだといわれ、当時の文人や著名人からも、その園芸技術を高く評価されていた。たとえば、サミュエル・ハートリブは、ロバート・ボイルに宛てた、一六五九年四月十二日付けの手紙で、「イギリスで三本の指の中に入る卓越した草花栽培家の一人」だと絶賛している。

一六七六年版と一七〇二年版では、題名が『植物誌』から『フローラ、ケレス、ポーモーナ』へと変更されているが、タイトルページの図版もそれに合わせて、花の女神フローラ、農業・穀物の女神ケレス、果実・果樹の女神ポーモーナという古代ローマの三女神に変えられている（図32）。

図32　ジョン・リー著『フローラ，ケレス，ポーモーナ』の表紙

図33　レオナード・ミーガー著『新しい園芸技術』の口絵銅版画

この本では、庭園規模の提案がなされている。その面積は、一部の高位の貴族を除いて、一般の貴族の庭は一一〇平方ヤード（八〇平方ヤードが果樹園で、三〇平方ヤードが草花）で、ジェントリーの庭は六〇平方ヤード（四〇平方ヤードが果樹園で、二〇平方ヤードが草花）と、イギリスらしく、比較的小規模である。

ともあれ、本書には、庭園規模に限らず、いたるところに、イギリス人特有の園芸を愛でる気持ちが滲み出ていて、十七世紀後半の、もっとも重要な英文の園芸書であろう。

一六七〇年には、レオナード・ミーガーの、『イギリスの庭師』（*The English Gardener*）が出版された。

この本には、菜園用ハーブのカタログ、花壇装飾用の植物や香の高い花束用の植物のカタログ、室内用鉢植え植物のリスト、そして種々の果物のカタログが含まれている。

一七〇四年に第十版が出るほど人気を博したが、それに劣らぬほど注目されたのが、一六九七年に出版された、『新しい園芸技術』(*The New Art of Gardening*) で、その口絵の銅版画に描かれた庭園図は、十七世紀末の、小規模なイギリス整形庭園がどのようなものかを知る貴重な手がかりになろう (図33)。

ウィリアム・ヒューズは、前述のごとく、ブドウ栽培を奨励したが、一六七二年に、『アメリカの医師』(*The American Physitian*) という興味深い植物誌を出版している。副題に、「アメリカにおけるイギリスのプランテーションの根菜、植物、樹木、低木、果物、薬草などについての論文」とあり、西インド諸島で執筆されたというだけあって、ジャマイカ島の食用・薬用植物についての記述が特に詳しい。当時のイギリスは、一六五五年に獲得したジャマイカだけでなく、ヴァージニア、メリーランド、バルバドスとも盛んに商取引を行っており、代表的な取引品目は、タバコ、綿、ココア、ジンジャー、染料などだと、記録が残されている。ヒューズが、ココアの木、チョコレートの作り方に多くのページを割いているのは、その時代の嗜好品の流行を反映したものであろう。

自然に対する人間の態度の変化―エンブレム的庭園から科学的植物園へ

ヘンリー八世が、庭園をエンブレムで飾りたてたことは既に述べた。この場合は、単に「紋章」を意味するだけであるが、実はエンブレムにはもっと広い意味がある。

元来、エンブレムは、「題辞《モットー》」、「図像《エンブレム》」、「短詩《エピグラム》」いう三つから構成され、主として道徳的な教訓を表現する文学・芸術ジャンルだが、とりわけ図像の寓意画を狭義のエンブレムということもある。もともと、エンブレムが生まれる背景には、自然は神の「書物」であり、人間は理性の光に照らして神の言葉や教えを読み取るべきだという中世的世界観があったが、ルネッサンス期には、エンブレムのブームが訪れる。

十六世紀には、ホラポッロの『ヒエログリフ集』が、ヴェネツィアで出版され、古代エジプトの神聖文字に対する関心が高まった。ヒエログリフは、神の指が自然に書き記したものと考えられ、その解読が、キリスト者の瞑想行為の一部となったのである。草花や樹木など自然物から構成された庭園にも、そのエンブレムを読み解こうという機運が生まれ、庭園は、当時のエンブレム・ブックにも頻繁に登場するテーマとなったのである。

一例を示そう。ジョージ・ウィザー（一五八八―一六六七年）が、『エンブレム集成』（*A Collec-*

図34　ジョージ・ウィザー著『エンブレム集成』より

tion of Emblemes）の中に取り上げた寓意画だ（図34）。そこには、モットーとしては、「物事が、もっともうまく完成するには、すべてを一度にでなく、少しずつ、少しずつ」と書かれていて、図像としては、手入れの行き届いた庭園を舞台に、空の雲から延びた腕が、花に水をやっている場面が描かれている。さらに、その寓意画の説明文としては、「庭園は一日にして成らず、根気のよく時間をかけて手入れすることが必要だ」という内容

の詩文が添えられている。庭園の中に、地道で継続的な努力の積み重ねが、大きな幸福をもたらす……という教訓を読みとるように要求しているのである。

イエズス会士、ヘンリー・ホーキンズ（一五七七―一六四六年）の、『聖なる純潔』（*Partheneia sacra* 一六三三年）は、まさに庭園を題材としたエンブレム・ブックと言っても過言ではない。冒頭の「庭園」と題したセクションでは、「囲まれた庭」のエンブレム（図35）と、「聖母は、薔薇と百合と美しい菫に囲まれし庭……」で始まる詩が収載され、その後に「いかに我らの主なる神が、悦楽の楽園たる処女マリアを置かれ給うたかを瞑想すべし……」との説明が加えられている。

ここでは、聖母マリアの庭園にあるすべてのものに、寓意的な意味が付与されているのだ。ラテン語の「ホルトゥス・コンクルスス」は、「閉ざされた庭」で、旧約聖書『雅歌』の「わたしの妹、花嫁は閉ざされた園。閉ざされた園、封じられた泉」（四、一二）という一節にもとづく。それは、聖母マリアが、世俗的な汚れから完全に離脱していながらも、イエスを身ごもるという豊饒性を備えているという、マリアの相反する二面性を象徴している。このように、庭園とは、まさにキリスト者が読み解くべきヒエログリフに満たされた空間なのである。

ジョージ・ウィザーと、ヘンリー・ホーキンズは、宗派と庭園の形式は異なるけれども、二人とも、庭園を宗教的瞑想の場と考える共通の立場をとる。本来なら、瞑想は、修道院の回廊のような場所で行うべきなのだが、ヘンリー八世の修道院解散の結果、イギリスの修道院の多くはすでに廃

図35　ヘンリー・ホーキンズ著『聖なる純潔』より

墟と化していた。おそらく当時の庭園は、修道院の代りを務めることもあっただろう。オックスフォードシャのエンストンにある、トマス・ブッシェル（フランシス・ベーコンの秘書）の洞窟は、そのような瞑想のための隠れ家ではなかっただろうか（図36）。

本草書にも、科学的な体裁をとりながら、エンブレム的な庭園観を反映したものがある。科学的な植物学が進歩する一方で、占星術的植物学や植物固有特徴論など、古い迷信に基づく、科学もどきの似非学問が流行ったのも、この時代の特徴であった。

占星術的植物学の代表的人物は、ニコラス・カルペパー（一六一六―五四年）で、占星術師でもあり、医者でもあった。著書、『イギリスの医師』（*The English Physitian*）は、副題に「この国の一般的な薬草の占星学的医術論、人間の肉体を健康に保つことのできる医術の完全なる方法」とある。別名「カルペパー本草誌」とも呼ばれる書物は、一六五二年に出版され、一〇〇回も版を重ねるほどの人気を博したという。カルペパーによれば、すべての病の原因は天体にあるので、その治療には、相対する星に属する薬草を使うべきで、たとえば、土星によって生じる病気は、水星に属する薬草で治療する、という具合だ。

エンブレム的庭園観と関係があると思われるのは、植物固有特徴論である。代表的なものとしては、ウィリアム・コールズ（一六二六―六二年）の、『エデンのアダム』（*Adam in Eden: or, Natures Paradise*）がある。それによれば、植物のもつ効能・薬効は、色や形態などの外観にも現れているというのだ。たとえば、マルメロの綿毛は頭髪に似ているから、ワックスと混ぜて膏剤を作り、梅毒

図36　トマス・ブッシェルの洞窟

図 37　トマス・ブッシェルのウォーターワーク

などで抜け落ちた頭皮に塗れば、毛髪が再生するという類いの珍説である。
これに続くものに、一六六四年に出版された、ロバート・ターナーの、『園芸科学《ボタノロギア》』(*Botanologia*)がある。この本も、植物への星の影響を認めているだけでなく、植物には聖刻文字《ヒエログリフ》のように、神がその効能を刻み給うた特徴があると主張した(図38)。

ジョン・パーキンソンより以前の草本誌は、どのような性質のものにせよ、医薬品の向上のために幅広い植物の知識を必要とする医者や薬剤師が、主な利用者であった。
しかし、この時代から、徐々に植物学が独立した地位を占め始め、一七世紀後半には学問としての植物学の成立を見るにいたった。科学としての植物学は、植物分類学と植物解剖学に二分され、学問的基礎を築きつつ飛躍的に発展する。植物分類学では、国王専属の医師であり、オックスフォード大学の植物学教授のロバート・モリソン(一六二〇―八三年)や、ジョン・レイ(一六二七―一七〇五年)などが研究し、植物解剖学は、ネヘマイア・グリュー(一六四一―一七一二年)が、微視的な研究をした。

一六二一年には、オックスフォード植物園の前身であるオックスフォード薬草園(Oxford physic garden)が設立された。大陸では、すでに、一五四三年に、イタリアのピサに植物園ができていたというから、大陸に遅れること七十年あまりである。植物園は、植物学的・医学的な興味をみたす植物の収集を有し、研究調査の中心地になるから、植物学の発展に大きく寄与したことはいうまで

図38　ロバート・ターナー著『園芸科学』

もない。一六四八年のオックスフォード植物園のカタログを見ると、一六〇〇種類ほどの植物が栽培され、ほとんどがヨーロッパ産だが、中には当時の珍種、ペルー産のタバコも含まれている。

十七世紀は、植物が、エンブレムの中に道徳的教訓を読みとるべき対象から、科学的知識をうるための標本へと変化して行く時代でもあった。

ピューリタンと王立協会による復楽園

この章の冒頭で述べたように、ピューリタンは、必ずしも庭園を嫌悪していたわけではない。あのクロムウェルでさえ、サミュエル・ハートリブに対し、菜園、果樹園を広め、農業を促進した功績を称えて、一〇〇ポンドの奨励金を支払ったくらいである。

王政復古後に、王立協会が植物学を発達させたのには、ピューリタン時代の本草学や園芸学に負うところが大きいのである。ピューリタニズムと庭園とを結びつけるキーワードは、王立協会とハートリブであろう。

王立協会は、一六六〇年に、「自然的知識の増進」を目的に掲げ、経験科学に興味を抱く著名人のグループによって設立された科学アカデミーである。一六六二年に、チャールズ二世の特許をもらったことや、王立協会という名称から、会員が王党派に限られているような印象を覚えるかもしれないが、実際はそうではなく、ハートリブと交友関係にあるピューリタンも、かなり流れ込んでいたのである。

ハートリブは、今のポーランド領のプロシア生まれだが、後にイギリスに渡り、教育改革を始め、プロテスタント統一運動や科学革命を主導した人物である。彼は、ミルトン、マーヴェル、カウリーら、文人と交友があっただけでなく、王党派、ピューリタンを問わず、多くの造園家や庭園論者の友人、文通相手、賛同者がいた。

以上のことは、本章ですでに名を挙げた庭園論者の顔ぶれを見ても明らかだろう。たとえば、オースティンは、著書『果樹論』の献辞をハートリブに捧げているが、急進派のピューリタンだったし、ジョン・レイも王立協会会員でピューリタンであった。王立協会の会員のジョン・ビールは、保守的な王党派であり、英国国教会の聖職者でもあるが、イギリス全体を世俗内における復興された神の庭園にするという理念においては、他のピューリタンと同一線上にあった。ビールは、果樹栽培についてハートリブと文通し、その著書『ヘレフォードシャの果樹園、全イングランドの模範』ではオースティンと同じように献辞を捧げている。この他にも、王党派で王立協会会員のイーヴリン、ジョン・リー、ハズバンドリーをテーマにした『エデンを出たアダム』(*Adam out of Eden* 一六五八年)の著者アダム・スピード、イーヴリンの友人で王党派、『ガーデン・ブック』(*Garden Book* 一六五九年)の著者サー・トマス・ハンマーなど、文通相手や友人であったり、また支援を受けたりと、すべてハートリブ・サークルの一員である。

このように見てくると、十七世紀のイギリス革命そのものが、ある意味では、国土を庭園にしようとする壮大な試みであったと言えるかもしれない。その意味では、サー・ヒュー・プラット（一五五二―一六〇八年）が、一六〇八年に出した『フローラの楽園』（*Floraes Paradise, Beautified and Adorned with Sundry Sorts of Delicate Fruites and Flowers*）の再版本が、チャールズ・ベリンガムの編集により、『エデンの園』（*The Garden of Eden*）と改題して、作者の没後の一六五三年に、出版されたのも、決して偶然ではないだろう。

イギリス人が古代ローマから学んだ田園のライフスタイル

当時のイギリス人が、園芸や農業にいそしむ際の情報源は、同時代のフランスやイタリアだけではなく、「温故知新」で、古代ローマの文人や知識人にも英知を求めたのである。

古代ローマ詩人のウェルギリウス、アウグストゥス時代のローマの建築家ウィトルウィウス（紀元前一世紀）、ローマの著述家で政治家の小プリニウス（博物学者で、百科事典編集者の大プリニウスの甥）、コルメラ（紀元一世紀）の言説も、大いに研究され、参考に供されたのである。

その中で、庭園に関する実用的な助言としては、コルメラの『農業論』（*De re rustica*）と、ウェルギリウスの『農耕詩』(*Georgics*) であろう。『農業論』の方が、耕作、農機具、果樹栽培、剪定、動物の飼育、養蜂など、古代ローマの農業事情を伝える文献であるのに対し、『農耕詩』の方は、農業に関する教訓を書いた随想で、文学性はもとより、政治性、哲学的趣きに富む。

また、紀元前一世紀の詩人ホラティウスのように、田舎での隠遁生活を楽しんだウェルギリウスは、『農耕詩』(第二巻、樹木、四九八―五一八) で農夫の生活をつぎのように賞賛する。

彼は貧しい人々を憐れむという苦しみを知らず、
富者を羨むこともなく、枝々に生《な》る果実を、
畑からおのずと生まれ出るものを摘み取り、
厳酷なる法律や、狂躁の中央広場《フォルム》や、
公共文書館を見ることもなかった。
他の人々は未知の海を櫂《かい》でかき乱し、剣戟に訴え、
宮廷や、諸侯の館に入り込む。

……

だが、農夫は、ひたすら曲った犂で地を耕す、
これぞ年々の労働の場、ここでこそ彼は祖国を支え、幼い孫達と
牝牛の群れと忠実な牡牛を、養い育ててゆけるのだ。
年々は休むことなく、あり余るほどの果物、

家畜の仔、穀物の束をつくり出し、
その実りは畝に重くのしかかり、やがて納屋に満ち溢れる。
（河津千代訳、『牧歌・農耕詩』、未来社）

当時のローマは、紀元前四四年のジュリアス・シーザーの暗殺後、市民戦争、政治家の腐敗、動乱など、政治的・社会的問題が多発し、社会全般を蝕んでいた。ウェルギリウスは、堕落した都会の雑踏と喧騒の中で、田園生活の美徳を賞賛し、平和・生産性・永続性という価値観を体現する、新たな黄金時代を夢見ていた。とりわけ田舎で、幸福な農夫（狭い農業ではなくハズバンドリーに携わる人）のライフスタイルに、理想を追求しようとしたのである。それは、引用した詩文で謡われているように、「法律」や「公共文書館」（国勢調査の記録・民事・刑事・軍事の記録などすべての官文書を保管する記録庫）が象徴する金銭や権力、「宮廷」が象徴する国王の権力、「中央広場」（ローマ市政の中心）が示唆する政治的昇進の誘惑などとは無縁の生活である。

もともと平和的な田園生活とは、ギリシア人の理想であり、ホメロスやテオクリトスのテーマであったが、それをウェルギリウスやホラティウスが手本としたのである。そして今度は、そのモデルを、十七世紀に、政治抗争や宗教戦争に疲れたイギリス人が手本とし、同じような心の癒しを田園の隠遁生活と庭園に見出したのである。

たとえば、プロテスタントで、外交官・政治家であった、ウィリアム・テンプルは、オランダをカトリックの侵略から守るため、一六六八年に、イギリス・スウェーデン・オランダの三国同盟締結に貢献した人物であったが、カトリックのチャールズ二世がフランス寄りであったため、その努力は報われなかった。

テンプルは、退職時に、国王秘書官の職へ誘いがあったにもかかわらず、政治的闘争に嫌気がさしていたため、その申し出をきっぱりと断り、ムーア・パークに隠遁し、庭園管理と文学に勤しんだ。その成果が、一六八五年の、『エピクロスの庭について』(*Upon the Gardens of Epicurus*)という庭園論にまとめあげられている。

話はちょっと横道にそれるが、王党派のアイザック・ウォルトンが、どうして『釣魚大全』(*The Compleat Angler*)を書いたのかということも、このような時代状況を考慮すれば、ある程度は理解できよう。前述したように、この時代の庭園は、都会の喧騒と騒乱を逃れ、瞑想と園芸を楽しむ空間であった。ウォルトンも、同様に、釣りには瞑想と活動とが調和して、ほどよく含まれていると述べているのである。

川辺に座ってみると、そこが静かで瞑想に最適な場所であると分かるだけでなく、そこには釣り師を瞑想に誘うものがあることが分かります……人々や仕事の圧迫、この世の心配から離すことで、彼らの心を穏やかな安らぎの中におき、そこで啓示を受けるのにふさわしい者にさ

れたと言うのです。(飯田操訳、『釣魚大全I』、平凡社、一九九七年、五二頁)

このように語る釣り師の言葉は、そのまま十七世紀イギリスの庭師にもあてはまるだろう。

夢の跡——「整形式庭園」に打撃を与えたのは、「風景式庭園」

ここで述べてきたような、チューダー朝以来の整形式庭園は、イギリスのどこへ行けば見ることができるのだろうか。

残念ながら、当時の庭園をそのままの形で残しているものはない。十七世紀までのイギリスの整形式庭園は、失われた芸術様式なのであり、少数の実例を除いて、現在、私たちが見ることのできる庭園の大部分は、後になって復元されたものである。

それには、いくつかの理由が考えられる。そもそも庭園は、建物や彫像などと異なり、それ自体が破壊されやすいものである。宮殿の改築に比べれば、庭園の改造などは安上がりで簡単である。また、庭園の構成要素自体も変化しやすく、植物は、人の手が入らないと、すぐに原形をとどめないほど繁茂するし、生垣、格子、休憩所、見晴台などは、木製であるがゆえに風雨に曝されて腐りやすい。

しかし、イギリスの「整形式庭園」に決定的な打撃を与えたのは、他ならぬイギリス「風景式庭園」の台頭であった。ブリッジマン、ケイパビリティー・ブラウン、レプトンらの庭園設計家と、一七二〇年以降に現れた彼らの模倣者たちが、他のヨーロッパの国々では例を見ないほどにまで、ルネッサンス様式の伝統的な整形式庭園を大量に破壊したのである。

では、イギリス全土を庭園化することで、外部の広い世界へと出て行こうとした動機は何であったのだろうか。イギリス風景式庭園を形成していったモーメントは、エデンの園を夢見て、「復楽園」を追い求めるピューリタン的発想の中にすでに生まれていたのである。

第六章　ミルトンの描いた庭園——十七世紀の庭園　その二

ミルトンの『パラダイス・ロスト』は「風景式庭園」の出現を予言する

イギリス中世文学やエリザベス朝文学では、庭園そのものを描いた作品や、庭園を背景にした作品が多いが、それはあくまで、夢や空想の中の世界であった。つまり、文学作品に描かれた内容が、そのまま実際の庭園の造型化につながるとか、庭園理論家の学説に直接的なインパクトを与えたというわけではない。

しかし、十七世紀になると、次の十八世紀に隆盛を迎える風景式庭園の出現を予言するような文学作品が登場した。イギリス文学の傑作、ジョン・ミルトン（一六〇八—七四年）の『パラダイス・ロスト』である。この作品の中では、第三章で見た、擬似エデンというべき「魔法の庭園」ではなく、「真の」エデンの園のイメージと、伝統的なイヴのイメージが再び回復されることになる。

もちろん、『パラダイス・ロスト』以外にも、造園に対する興味を刺激した作品は多い。王党派詩人のエイブラハム・カウリー（一六一八—六七年）は、一六六八年出版の『ラテン詩集』（*Poemata latina*）に、植物についての詩を収めている。六巻よりなる「植物」（*sex libri Plantarum*）という詩では、第一・二巻でハーブの性質、第三・四巻で草花の美、第五・六巻で樹木の利用が扱われてい

図 39　カウリーの胸像の銅版画『ラテン詩集』より

図 40　ミルトンの肖像画『パラダイス・ロスト』より

る。植物学的・園芸的価値はほとんど無きに等しいが、詩人としての名声をほしいままにしたカウリーの作ということで、当時の知識人を含む多くの人々に読まれ、植物、庭園、園芸に対する興味を大いに刺激した。

　しかし、チャールズ二世時代に、随一の詩人として讃えられたカウリーも、今となっては、散文の小品『エッセイ集』によって記憶されるにすぎず、まして、そのラテン詩などは、一般のイギリス文学史にはまず登場しない。

　それに対し、ミルトンの叙事詩『パラダイス・ロスト』の方は、誰もが知るイギリス文学史上不朽の名作となった。これも、運命の皮肉であろうか。

ミルトンの描くエデンの園の特徴――過去を継承し、現代を反映し、未来を先取りする

『パラダイス・ロスト』には、ミルトンの楽園が、理想的な「庭園」として描かれており、庭園論的な観点からも、非常に興味深い。過去のあらゆる楽園思想を継承しているだけでなく、当時の庭園思想をも反映し、かつ未来の庭園思想まで先取りしている点で、私たちの注意をひきつける。

では、まず、ミルトンの描くエデンの園の特徴を眺めてみよう。

①過去の庭園に関しては、古代ギリシア・ローマの楽園、キリスト教のエデンの園を中心とする、種々の楽園思想を集大成している。

②現在の庭園に関しては、ルネッサンス整形式庭園に対する自然風庭園と捉えて、イギリスの専制政治に反発する思想をつらぬいている。

③未来の庭園に関しては、十七世紀の現在の庭園の結果として、十八世紀に盛んになるイギリス風景式庭園と呼ばれるものを先取りしている。

特に、③については、英文学者のヘレン・ガードナーが、ミルトンの楽園は、「木々や四阿や噴水や湖や滝が一つの風景をつくりあげているミニチュアの自然という新しい概念であり、十八世紀の庭園公園において完成し、イギリス式庭園《ル・ジャルダン・アングレ》（*le jardin anglais*）としてヨーロッパ全土に広がった

図41　ミルトン著『パラダイス・ロスト』の挿絵（J・B・メディナ作）

概念」であると述べている通りである。[1]

「至福の園」は「人工」の原理に支配され、「アドーニスの園」は「自然」の原理に支配される

ミルトンの庭園論に進む前に、庭園とエデンの描写の関係を理解するうえで不可欠と思われる当時の芸術論をおさえておかなければならない。

第三章では、スペンサーの『妖精の女王』に登場する、「至福の園」と「アドーニスの園」に触れ、「至福の園」は人工の原理に支配されるが、「アドーニスの園」は「自然」の原理に支配されると述べた。これは、ルネサンス期に、「人工」対「自然」の優劣論争が盛んになり、芸術論のテーマの一つとされたことと、深い関係がある。

もともと、古代ギリシア・ローマ時代から、多くの学者たちが、「人工は自然を模倣する」とか「自然は芸術家である」とかの命題の下に、考えてきた問題であるが、ルネッサンス期になって人文科学への関心が高まるにつれ、その命題が再び脚光をあび、文学作品でも取り上げられるようになったのである。

そうした、「人工」対「自然」の対節法的思考様式を、『パラダイス・ロスト』の堕落以前のエデンの園にあてはめると、ミルトンのエデンの園はまぎれもなく「自然」風の庭園であろう。

それは天使ラファエルがエデンを訪れたときの描写を見ても明らかである。

没薬《ミルラ》の香の漂う森、桂枝《キアシア》、芳木《ナルド》、香樹《バーム》など
数々の花咲ける香木の森、——いわば芳香の溢れ漲《みなぎ》る荒野を
通りぬけ、祝福にみちたあの野原へ、楽園《パラダイス》へと進んでいった。
ここでは、実に、「自然」が力にはちきれんばかりに
生々躍動しており、その処女独特の空想に心ゆくまでふけり、
いかなる法則も規準も無視して、今では考えられないくらい
潑剌《はつらつ》としていた——それは尋常ならざる祝福の世界だった。

（平井正穂訳、『失楽園』五巻、二九一—九七、岩波文庫）

ミルトンの詩的想像力は、実際の庭園と比較すると革命的でさえあり、『パラダイス・ロスト』には、何とも荒々しい「悦楽の園」が持ち込まれていることに気づくであろう。十八世紀イギリスの造園家が、こぞってミルトンの自然風のエデンの園の描写を、あたかも聖書のごとく崇拝したのもうなずけるというものである。

では、ミルトンはなぜ、それほどまでに自然風の庭園を描こうとしたのか。

世俗庭園とエデンの園とは比較すべくもない

ミルトンと同時代のイギリスで、もっとも人気のあった庭園論といえば、ジョン・パーキンソンの、『日のあたる楽園、地上の楽園』（*Paradisi in sole paradisus terrestris* 一六二九年）を思い浮かべるが、そのタイトルページには、いみじくもエデンの園が描かれ、最下段に、興味深いフランス語の詩文が記されている（図42）。

人工と自然、われらの庭園とエデンを比較したいと思うものは誰でも、
不用意にもノミの歩幅で象の歩幅を測り、
蚋《ぶよ》の飛行距離で鷲の飛行距離を測るようなもの。（著者傍点）

ちなみに、デュ・バルタスの（十六世紀、フランスの詩人、一五四四—九〇年）『聖週間』（*Le semaine ou la création du monde*）にも、これと酷似した一節があって興味深い。[2]

人工と自然と比べ、庭園をエデンになぞらえる者は、
浅はかにも、色鮮やかな蝶と（神聖ローマ帝国の紋章にもなった）カタシロワシを、
そして小さなビーグル犬と象とを見比べて優劣をきめるようなもの。（著者傍点）

図 42　パーキンソン著『日のあたる楽園，地上の楽園』の「エデンの園」

ここで私たちの注意を引くのは、パーキンソンの場合も、デュ・バルタスの場合も、「人工」対「自然」の対節法的関係が、「世俗的庭園」対「エデンの園」、すなわち「俗」対「聖」の対比にも成立している点である。エデンの園は、世俗の人工的庭園など足元にも及ばないほど優れているので、両者を比較するのは、「ノミ」「子犬」を「象」と較べ、「蚋」「蝶」を「鷲」に較べるくらい浅はかで不用意なことだと述べているのである。

ミルトンの場合も、『パラダイス・ロスト』で、エデンの園を次のように謳う。

それも、精緻な園芸によって、凝った花壇などで育成された
ようなものではなく、豊かな自然が丘や谷や野原に、——
……溢れるばかりに
咲かせている花であった。（四巻、二四一—二三、著者傍点）

一行目の「精緻な園芸」の原文は“nice art”である。日本語の訳文では「人工」という意味合いが薄れてしまうが、原文で見る限り“art”と“nature”の対比は明らかである。

川崎寿彦氏は、『庭のイングランド』（名古屋大学出版会、一九八三年）にこの一節を引用し、ミルトンのエデンの園を、「あきらかに意識して人工的な整形式庭園と対立した」ものとして捉えている。さらに同氏は、ミルトンのエデンの園を、庭園史の中で、以下のように位置づける。

同時代の王侯貴族は、「宏壮なるバロック様式の大整形庭園を、政治的記号として必要とし」、王侯貴族の庭園が、絶対王制の「一つの政治的メッセージ」であるのに対して、ミルトンのエデンの園は、「怪物的なる〈反・庭〉」の造型であると規定する。すなわち、ミルトンのエデンの園は、国王貴族の政治的メッセージに対する「カウンターメッセージ」、あるいは「象徴的な庭園破壊行為」だというのである（二六一―六七頁）。

筆者も、ミルトンが、王党派的・専制的な整形式庭園を批判し、外部の自然を称揚したという政治的な要因を重視しはするが、はたしてミルトンが、ほんとうに庭園破壊の行為だけに終始したかどうかは疑わしい。

それを判定する前に、ミルトン時代の王宮庭園がどのようなものであったかを少し覗いておく必要があろう。

十七世紀の王宮庭園――イタリア・ルネッサンスの息吹が伝えられて

エリザベス朝からジェイムズ一世の時代になると、庭園の形式にも役割にも大きな変化が生じた。庭園が、国王権力とか国家平和のシンボルであるという役割に変化はないが、それまでは、イタリアの庭園文化がフランス経由で流れ込んでいたのに対して、この時代になると、イタリア・ルネッサンス文化の息吹が、複数の媒体を通して、直接イギリスに伝わるようになってきた。

まず、『シルヴァ』の著者ジョン・イーヴリンのように、旅行者として、直接にイタリアの庭園を訪れた者がいる。ちなみに、ジョン・ミルトンも二十八歳のときにイタリア旅行にでかけており、その影響は、彼の文学作品にも色濃く残っている。

文学作品では、ドミニコ会修道士、フランチェスコ・コロンナの、『ポリフィリウスの夢——愛の葛藤』（*Hypnerotomachia poliphili* 一四九九年）に言及せねばならない。究極の愛を求める主人公が、夢の中で古代の遺跡を巡り歩き、精神的にも芸術的にも自己を高めていく姿を描いた物語だが、そのような古代世界のファンタジーを味わう場所として、庭園が設定されていることが重要である。イギリスでは、一五九二年に、ロバート・ダリントン翻訳で『夢の中の愛の葛藤』（*The Strife of Love in a Dreame*）が出版された。翻訳そのものは貧弱だが、木版画による挿絵には、イタリアの美しい庭園の情景が描かれ、古代ギリシア・ローマへの憧憬とロマンスを合体させたものとして、庭園に対する想いを大いに刺激したものと思われる（図43）。

また、フランス人のサロマン・ドゥ・コーは、一六〇七年から一六一三年までイギリスに滞在し、イタリア風テラスと噴水をデザインしたが、彼自身は、一五九五年から九八年にかけてイタリアを訪れており、フィレンチェのはずれのプラトリノ（図44）でトスカーナの大公たちの造営した庭園、ヴィラ・デステ（図45）、フラスカティの庭園などを見知っていたことだろう。

図43　フランチェスコ・コロンナ著『ポリフィリウスの夢―愛の葛藤』(1499年) より．泉を中心とした囲まれた庭園で，造形やモチーフには古典的なインスピレーションが感じられる

ドゥ・コーは、アン・オヴ・デンマークや、彼女の長男のヘンリー、プリンス・オヴ・ウェールズのために、サマセット・ハウス、グリニッジ宮殿、リッチモンド宮殿などで、庭園を管理し、改造する仕事に従事していた。その結果、趣向を凝らした泉、洞窟、自動機械による噴水装置など、マリエリスム的な庭園がイギリスにも出現することになった。

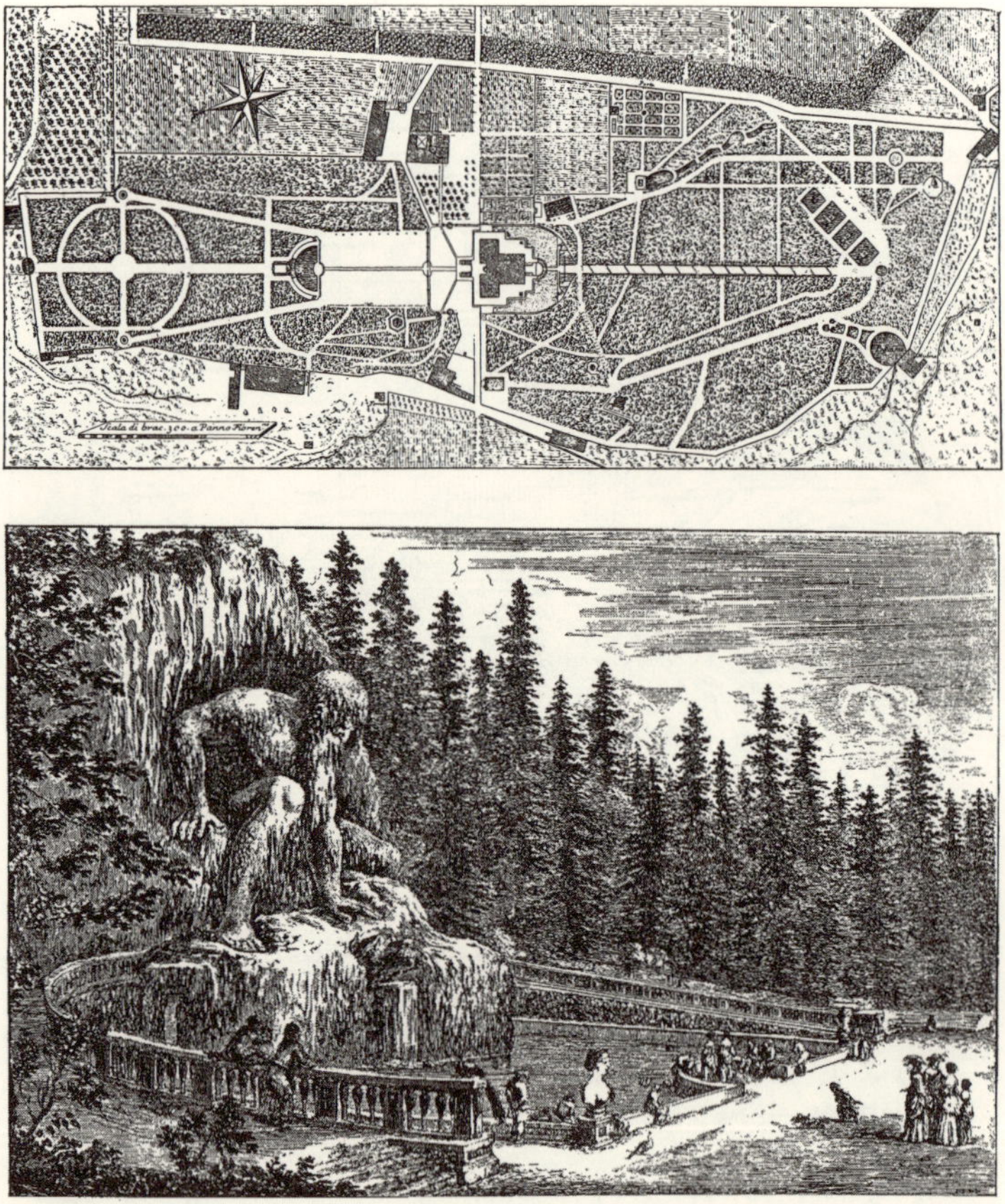

図44　フィレンツェ，プラトリノの庭園　上は平面図　下は景観

図45　16世紀のヴィラ・デステ

図46　モレのデザインした刺繡花壇と結び目花壇よりなるパルテール（『快楽の庭園』，1670年）より

アランデル伯爵のトマス・ハワードは、一六一五年に、建築家で仮面劇作家のイニーゴ・ジョーンズ（一五七三―一六五二年）とともに、イタリアからイギリスに彫刻を持ち帰り、テムズ河畔のアランデル・ハウスに造営した庭園にそれを展示した。

またチャールズ一世も、お抱えの彫刻家をローマに送り、セント・ジェイムズ宮殿に飾る彫像の鋳型を入手させている。庭園に彫像を飾るのは、古代ギリシア・ローマの人文学的な教養があることを誇示し、その一族の威光を高めるためである。

さらに、イタリアのルネッサンスでは、建築上の観点から、家屋と庭園とを一つのユニットと考える庭園デザインが特徴的であったが、イギリス人は、その手法をもイタリアから学び、一六三〇年代の、リトル・ハダム、テンプル・ニューサム、ライコート、ムーア・パーク、ウィルトンなどの庭園でも採用している。

一方、フランス王、アンリ四世の庭師として有名なアンドレ・モレは、チャールズ一世のフランス人王妃、ヘンリエッタ・マライアのために、セント・ジェイムズ宮殿、ウィンブルドン・ハウスで、堂々としたバロック様式の広い庭園をデザインし、結び目花壇よりもさらに凝った刺繡花壇をイギリスに導入した（図46）。

王宮の庭園では、宮廷仮面劇や野外娯楽が演じられた

イギリスの庭園の発達史上では、ルネッサンス文化との密接な関係を見逃せず、庭園は、しばしば宮廷仮面劇や野外娯楽の舞台となったのである。

野外娯楽の事例として、ジェイムズ一世（一六〇三―二五年）が、臣下の貴族の庭園を訪問した場面を想定してみよう。

ジェイムズ一世は、即位翌年の一六〇四年、お妃のアン・オヴ・デンマークを伴って、ハイゲイトにあるウィリアム・コーンウォール卿の邸宅で催される五月祭に向かう。邸宅の門に到着すると、役者たちがコーンウォール家の守護神に扮し、ブリテン島を治める君主とお妃を出迎え、自慢の庭園へと案内する。庭園に着くと、ギリシアの神メルクリウスがセレモニーの主役を務め、庭園での

案内役を引き継いで、二人を出迎える。さながら、ベン・ジョンソンの仮面劇である。

メルクリウスは王と王妃に告げる。

　陛下、ご覧下さい。このハイゲイトの丘からは、あのように美しいロンドンの町並みや尖塔が見渡せますが、実はこの場所こそ、何を隠しましょう、私めがこの世に生を授かりましたアルカディアの丘でございます。

この一言によって、イギリスの一貴族の庭園が、ギリシアのペロポネソス半島のキュレーネ山脈にある理想郷、アルカディアに変わる。陛下の支配のお蔭で、イギリスの地がアルカディアに劣らぬ理想郷になったとお世辞を述べるのである。

そう語りつつ、メルクリウスが指差す先には、色とりどりの花々で飾られた四阿に、メルクリウスの母である女神マイアが厳かに腰をおろしている。もちろん、花の女神フローラ、西風の神ゼフュロス、曙の女神アウロラも一緒だ。

やがて国王とお妃の来園を歓迎する美しい歌声が静かに庭に流れる。

　揚げ雲雀よ、高らかに歌い、飛んでいけ
　百の鳥が音楽を奏でる
　美声のコマドリ、ムネアカヒワ、ツグミ、

茂みという茂みから捧げよ、
王様とお妃様への歓迎の意を……

午後になると、邸宅で食事を済ませた国王とお妃は、再び庭園へとお戻りになる。司会役のメリクリウスが、つぎに登場させるのは、牧神のパンとサテュロスの一団だ。パンとサテュロスは、庭園の噴水の周りで楽しそうに踊り出す。手にワインの瓶をぶらさげ、おどけた様子であたりをとび回り、かけ回る。そこに集った宮廷の紳士・淑女も、その輪の中に加わり、にぎやかな宴会の始まりだ。

以上の記述は、ロイ・ストロングの『イギリスのルネッサンス庭園』の記述をもとに、当時の庭園での宴会の様子を想像したものだ。庭園を飾る花々や果実などの自然の恵みと、国王による政治・経済の安定への賛辞とが、見事に調和している。庭園は、家臣だけでなく、国王にとってもアルカディアの理想郷であったのだ。

ミルトンは、王宮庭園を凌駕する自然風庭園を創造した

さて、ここで冒頭に提示した話題に戻ろう。ミルトンの描く「自然」は、果たして、川崎氏の言

われるように、「象徴的な庭園破壊行為」であったのだろうか。
その問題を考える際、ミルトンの描く自然は、必ずしも実際の自然を模写したものとは限らないということに留意しなければならない。ミルトンの「悦楽境」は、修辞的な自然描写が多いのだが、それだけではなく、スペンサーの『妖精の女王』の「アドーニスの園」の自然描写と共通するものがある。スペンサーの場合、植物が奇妙にからまってできた四阿など（第三巻、第六篇、四四）、不自然で人工的な描写が多いが、その自然描写の仕方はミルトンにも共通する。

ミルトンの描く庭園は、ルネッサンス様式の王宮庭園を意識しており、造園規模において、現実の世俗庭園を凌駕しようとするミルトンの意図が読み取れる。
ミルトンのエデンの園には、造園主を「神」から「国王」に置き換え、材料を「自然物」から「人工物」に置き換えれば、まさにルネッサンス整形式庭園の噴水と見まごうばかりの装置が描かれているのだ。

たとえば、エデンを流れる河川の描写をご覧頂きたい。

また、一つの大きな河が
エデンを貫いて南へ流れており、しばらく川筋を変えずに
流れているかと思うと、突如地下に吸い込まれ、樹木鬱蒼たる

山の地底を潜って流れていった。これは、神がその山をもち上げ、己の庭園の築山《つきやま》として急流の上に据えられたからだ。そうやって地下に潜った水脈は、自然の渇きに応じて上の方へ吸い上げられ、噴出して清冽な泉となり、そこからさらに多くの細流《せせらぎ》となってこの園を潤していた。（四巻、二二三―三〇）

科学の知識から考えても、地下に潜った水脈が「自然の渇き」だけで山の上部へ吸い上げられるとは思えず、ミルトン批評家のA・ファウラーは、自然現象では水を吸収できないので、「急流」の水圧によるものか、あるいはミルトンの誤認ではないかと述べている。[3]

しかし、ここで、当時の王宮庭園を下敷きにして考えれば、ミルトンがそこに秘めた政治的メッセージが浮かび上がってくる。

何よりもまず、「己（神）の庭園の築山《つきやま》」(his garden mould)、「清冽な泉」(a fresh fountain) などの表現を見れば、これは自然風景の描写であると同時に、庭園を流れる水路を意識した風景描写でもあることがわかる。

先に紹介した、サロモン・ドゥ・コーは、水力技術者でもあり、サマセット・ハウスやリッチモンド宮殿を手がけた庭園設計家だが、現実の庭園でも、非常に精巧な地下水路や人工噴水を作っていたことを思い出してもらいたい（アポロとミューズの住む山：パルナッソス山　図4）。

図47　サマセット・ハウスのためにドゥ・コーがデザインしたとされる「アポロとミューズの住む山：パルナッソス山」

ミルトンが、自然の水流を描写するのに、わざわざ人工的とも思える水圧のメカニズムを用いているのは、まるで、王宮庭園の人工的な噴水や水路に対抗しているようにさえ思えるのだ。

ミルトンは、サロモン・ドゥ・コーの設計した王宮庭園の噴水など「蚋」のように小さなものだが、自分の描くエデンの園の噴水は「鷲」のように壮大で、とても比べ物にならぬ、と言いたげではないか。

つまり、単純な「整形」対「自然」の対節法的関係の中ではなく、むしろこのような自然描写そのものの人工性にこそ、彼の政治的メッセージが潜んでいるような感を覚えるのである。

ミルトンのテクストに、仮面劇の批判を見る

庭園論という視点からいえば、ミルトンのテクストには、宮廷仮面劇への批判が多く見られ、明確に反王党的立場をとっている。王侯貴族の庭園が、仮面劇、野外娯楽、宮廷風恋愛の舞台であったことは、先に見た通りである。

では、実際の作品に、王侯貴族に対する「反庭園」のメッセージが、どう取り入れられるのかを見てみよう。ミルトンは、世俗的な一連の娯楽と、アダムとイヴの聖愛とをつぎのように比較・区別する。

この「愛」は、

……

……宮廷恋愛や、男女入りまじっての舞踏や、
淫らな仮面劇《マスク》や、深夜の舞踏会や……

……小夜曲《セレナーデ》などに
見出されるものでは全くないのだ。(九巻、七六五―七〇)

また、ルネッサンス期の庭園は、建築物の一部とみなされることが多く、建物と一体化した構造に造園され、一点透視画法的な形態をとる場合が多く、これは、観客の視線と仮面劇の舞台の関係にも共通する現象である。

『パラダイス・ロスト』でも、サタンがエデンで最初に占める位置は、そのような庭園的なパースペクティブを確保できる場所である。

サタンはそこから翼を拡げて
飛びたち、楽園の中でも一番高い、そして中央に立っている樹、
即ち生命《いのち》の樹《き》の上にとまったが、その姿は鵜《う》さながらであった。(四巻、一九四―九六)

『パラダイス・ロスト』の、第四巻の「梗概」にもあるように、サタンは、楽園の境界を飛び越え、周囲を見渡すのに都合のよい、園内でも一番高そうな生命の木の上に、鵜の姿に身をやつしてとまる。

一般的な解釈では、鵜は貪欲を表す鳥であり、永遠の生命を説く聖なる教会に、貪欲な聖職者が侵入していることを表すのだというが、これを庭園論的に見れば、ここにもミルトンの政治的メッセージを読み取ることができる。

鵜のとまる場所とは、エデンの園の「ヴィスタ」を確保する場所であり、整形式庭園で言えば園内を一望に見渡せる場所でもある。さらに、チャールズ一世の宮殿で鵜飼いが娯楽として楽しまれていたことを考え合わせれば、サタンが鵜の姿をとるというこの一節は、王宮庭園に対する批判の意味を帯びてくるわけである。

さらに、そのサタンがイヴを誘惑する。誘惑の場面で、「高貴な女王」、「厳かに見える貴女の顔」、「柔和そのもののような神々しい顔」、「生きとし生けるものが……貴女を見つめ」、「貴女の天来の美しさ」、「神々に伍す女神」といった美辞麗句を並べたて、あたかも王宮庭園で繰り広げられる宮廷風恋愛であるかのごとくに描写するのである（九巻、五三二—四七）。

それに対し、エデンの園の自然描写は、複数の天使やサタンが眺めた風景、複数の方向からの眺望で構成されており、サタン的な一点のパースペクティヴ（*poit de vue*）とは対照的である。

古代ギリシア・ローマの楽園からキリスト教的な内なる楽園へ

しかしながら、王侯貴族の整形式庭園に対するカウンターメッセージとなるはずだったエデンの園も、やがて捨て去られることとなる。失楽園の「反・庭」のベクトルは、政治的対立から、エデンの楽園自体に向けられることになるのだが、その根源をさぐれば、原罪による楽園追放という神学的理由だけでなく、中世キリスト教的自然観自体に内在する、自然支配の形而上学的パラダイムに行き着くことになろう。

すなわち、ミルトンの「反・庭」指向は、単に王党派との政治的な対立に留まらず、古代ギリシア的自然観とキリスト教的自然観の対立という構図をも含んでいるのである。

ミルトンが、ギリシア・ローマ古典の美の世界によって、キリスト教世界のエデンの園を描こうとしたことは、いたるところで神話的比較が行なわれていることからも明らかである。

アダムとイヴを目覚めさせるのは、「曙女神《アウロラ》の扇ともいえる木の葉の/擦れ合う音」(五巻、六―七)であるし、また、

小鳥たちも、美しい合唱曲を
歌っていた。微風《そよかぜ》も、そうだ、春の微風も、野や森の薫《かお》りを
まきちらしながら、樹々の葉を顫《ふる》わせ、甘い調べを奏でていた。
すると他方では、万物を司《つかさど》るパンが、「美」の女神たちや、
「季節」の女神たちと一緒になって踊りながら、永遠の
「春」の女神の先導をつとめていた。プロセルピナが
花を摘んでいたとき、それらの花にも優る麗わしい花であった

彼女自身が、暗鬱なディスの手に摘みとられた（そのために
ケレスは彼女を求めて全世界を廻《めぐ》り歩くという苦しみを
嘗《な》めなければならなかったのだ）あのエンナの美しい野原も、
……このエデンの楽園《パラダイス》に及ぶべくも
なかった。（四巻、二六四—七二）

さらに、ミルトンは、エデンの楽園の美を表すのに、黄金時代の理想、ヘスペリデスの園、ホメロスの楽土《エリュシオン》の野、祝福されし者の島、アルキノオス王の果樹園など、古典的な楽園のモチーフを用いている。

とはいえ、ミルトンは、古典的理想郷を無条件に受け入れているわけではない。

そうやって彼が近づいた
場所は、死から蘇ったあのアドニスの園や、ラエルテスの子を
賓客として迎えたあの有名なアルキノオスの園のような、物語に
出てくるいかなる園よりも、いや、そんな神話中のものでなく、
賢明なソロモン王が美しいエジプト生まれの妃と戯れたあの園
よりも、さらに快い場所であった。（九巻、四三九—四三）

図48　楽園を追放されるアダムとイヴ（『パラダイス・ロスト』より）

ここで、ミルトンは二重の比較をおこなっている。

第一に、古代ギリシア・ローマの詩的な庭園は、いかなる実在するミルトンの時代の庭園よりも美しいが、第二に、聖書の庭園は、そのような異教の庭園よりもはるかに優れている。というのも、聖書の庭園の美は、筆舌につくしがたく、真実であり、神話や伝説ではないからである。

このように、ミルトンは、『パラダイス・ロスト』の前半では、あれほど古典的イメージを駆使してエデンの美を描いたのに、後半では、異教の庭園のイメージを不適切だとして、ギリシア・ローマ古典の感覚的な美を退けているような感を覚える。

西洋の庭園は、自然を他者としてとらえるキリスト教的自然観に立脚している

ここでもう一度、キリスト教的自然観を想起していただきたい。

「自然」を意味するギリシア語の「ピュシス」(physis)は、本来、「万物の生成力」の意味をもつと同時に、「森羅万象を総括するもの」をも意味する。古代ギリシア的なピュシスの世界では、自然と人間は対立的ではなく、神々も同質の連繫の中に吸収されていた。

しかし、中世キリスト教世界に入ると、こうした、神と人間と自然とを包みこむような、生命的な一体性は崩れ、創造者と被造物は明確に分離され、「神→人間→自然」の階層的秩序が形成されるようになる。

神は超越者になり自然には内在せず、人間もまた自然の一部ではなくなる。それと共に、自然は、人間同様、神によって創造されたものであるから、人間にとっては「他者」となる。近代の実証主義的態度には、自然を他者として客体化し、これに実験や操作を加えて科学的に把握しようとする傾向が見られるが、その形而上学的な源泉は、このようなキリスト教的自然観にあるといえよう。

ミルトンのエデンの園でも、自然を他者として客体化し、そこに操作を加えようとする態度が伺われる。つまり、エデンの園は、野生の自然だけで構成されるのではなく、アダムとイヴが庭仕事にいそしむ庭園として描かれているのだ。

本来、聖書では、「人がそこを耕し、守るようにされた」(『創世記』二、一五)と記されているのに、ミルトンのエデンの園では、アダムとイヴは、土地を「耕作」するのではなく、天使から庭仕事の道具までもらって、バラの花壇作りや「剪定」の仕事を行っているのである。ピューリタン的な労働倫理を、聖書の一節でなく、ガーデニングに結びつけているところに注目していただきたい。

ミルトンは、人間が自然に手を加えることによって、自然の節度や秩序が保たれると考えたのであろう。

『パラダイス・ロスト』の、次の一説は、旧約聖書『雅歌』(二、一〇―一三および七、一二)を下敷きにしているといわれているが、アダムの自然に対する興味にかぎっていうと、聖書的というよりも、修道院の菜園で薬草を栽培する修道士や、チェコスロバキアのブルノの修道院でエンドウ豆を観察するメンデルの姿を彷彿とさせる。

　朝はすでに輝き、爽やかな野原はわれわれを呼んでいる。暁のこの一刻《ひととき》を逃せば、われわれが育てた草木がどんな風に生長し、シトロンの樹がどんな風に花を咲かせ、没薬樹《ミルラ》が、乳香木《バーム》が、どのような乳液を出しているか、自然がどのように多彩な色を描き出しているか、また、蜜蜂が花にとまってそこに流れる蜜をどんな風に吸っているのか、を見る機会を失ってしまうではないか（五巻、二〇—二五）

ここで、アダムは、「万物を司るパンが『美の女神たち』や、『季節』の女神たちと一緒になって踊りながら、永遠の『春』の女神の先導をつとめる」神話的・ギリシア的な自然には何の興味も示していない。むしろ、自分たちの育てた木の成長、シトロンの樹が花を咲かせる様子、ミルラやバームが出す乳液の種類、自然のもつ多彩な色彩、ミツバチの花蜜の吸い方など、もっぱら実際的な自然現象のみに、注意を注いでいるではないか。しかも、自然観察意欲は旺盛で、朝の一刻を逃して機会を失っては大変と、新婚の床にあるイヴをたたき起こすほどだ。

ギリシア的な自然描写は、アダムとイヴの精神生活に、ほとんど影響を及ぼしていないようにさえ思える。事実、エデンの園は、ギリシアのアルキノオス王の庭園にたとえられ、ありとあらゆる果物のなる楽園だと歌われるのだが、二人にとっては、「されど、われら　二人には余りに広く、与《あずか》る者少なきため、汝の豊かなる/賜物も収穫《とりいれ》られぬまま、空しく地に落つ」というのである（四巻、七二九―三二）[4]。

このような庭園は、われわれ日本人にとってはやや異質な空間と映る。日本人には、万葉時代から脈々と受け継がれる自然観があり、「自然」と「人間」とが一つの「根源的紐帯」によって結ばれている（伊東俊太郎著、『文明と自然』、刀水書房、二〇〇二年、二三七頁）。いわば、心の深層におよぶ感覚というもので、このような自然観のゆえに、人間と自然とが、庭園を通して密接に結びつくことが可能になるように思える。『作庭記』は、橘俊綱の編纂と考えられるが、「生得《しょうとく》の山水をおもはへて」、「乞《こ》はんに従う」と謳っている。造園の極意は、心を空しくして、自然の中にとけ込み、自然の要求するところをくみとることにあるというのだ。もちろん、俊綱が理想とする「自然」も、ミルトンが描いた「自然」も、客観的な実体としての自然というよりはむしろ人間が頭で考えた自然であり、どちらも庭園である以上、自然を人為的に変形することには変わりがない。

しかしながら、エデンの園でアダムとイヴが行う労働には、自然の「乞はんに従う」態度は見られない。逆に、自然は、人間の美的感覚や整形作業に対立するものとして描かれている。

そして、あそこにあるあの花の咲きこぼれている
四阿《あずまや》や、われわれの真昼時の散歩道《みち》であるかなたの緑の小道の
手入れをしたい。あの小道には枝葉が鬱蒼《うっそうそう》と生い茂り、
手入れ不足を嘲笑《あざわら》っている。あのように凄じく成長する枝葉を
刈るためには、われわれだけでなくもっと多くの人手がいる。
この花も、この滴《したた》る樹液《ガム》も、見苦しいくらい乱雑に散らばり、
気持ちよくここを歩こうと思えば、どうしても剪定《せんてい》することが
必要なのだ。（四巻、六二四—三二）

アダムとイヴは、花咲きこぼれる四阿や、緑の散歩道を手入れするが、それは、小道に枝葉が鬱蒼と生い茂り、自然が手入れ不足を嘲笑うからである。これでは、人間と、「人を嘲笑う自然」との間に、根源的紐帯観が存在するとは思えない。自然は、単に外のものであるだけなく、人間に敵対する他者でさえある。凄まじく成長する枝葉を刈るために、アダムとイヴだけでなく、もっと多くの人手がいるということで、人間の集団的労働で自然を制御しようと願うに至るのだ。さらに、枝葉を剪定するのも、「この花も、この滴る樹液も、見苦しいぐらい乱雑に散らばり、気持ちよくここを歩きたい」というわけで、『作庭記』とは、造園の動機が大きく異なっている。

そして、『パラダイス・ロスト』の最後の場面では、生命力が躍動するような荒々しい「自然」

は姿を消してしまう。そこどころか、アダムとイヴの楽園追放にあたり、それまで外的な自然であった「楽園」が、人間の主観性へと内面化されることとなる。

そうなれば、お前もこの楽園《パラダイス》を出てゆくことは嫌とは
思わないであろう。自分の内なる楽園を、遥かに幸多き楽園を、
お前はもつことができるからだ。（一二巻、五八五—八七）

心の内にある楽園が、神から授かった外的・地理的な楽園よりも幸せだというのである。ミルトンの場合は、人間は自然に同化せず、人間の内面性が自然よりも優位に立つ。ここにおいて、宗教的な空間としての自然風庭園は、アダムとイヴ、すなわち人間の前から消滅してしまったことになる。

日本には、自然美との一体化を試みた宗教庭園が多いのに、イギリスには、そうした意味の宗教庭園がないのはなぜか。また、ミルトンの作品が、エデンの園という高度に宗教的な空間を描いたにもかかわらず、その影響を受けて、キリスト教的な庭園が生み出されることがないのはなぜか。さらに、ケイパビリティー・ブラウンの造園する世俗的風景式庭園が、自然風庭園として流行したのはなぜか。

それらの疑問に答えるべき理由の一端がここに見出せることだろう。

皮肉なことに、十八世紀になって復活したイギリス庭園は、ミルトンが究極的に求めた内なる楽園の造形化ではなく、きわめて世俗的なエデンの園の復活であった。すなわち、自然風楽園の「復楽園」を目指しながらも、「自然」を「人工」によって改善する方向に向うのである。

1 Helen Gardner, *A Reading of "Paradise Lost"* (Oxford: Oxford Univ. Press, 1965), 79.

2 *The Divine Weeks and Works of Guillaume de Saluste Sieur de Bartas* (Oxford: The Clarendon Press, 1979), 334. Trans. Josuah Sylvester. Ed. Susan Snyder. Vol. I

3 Alastair Fowler, ed., *Pardise Lost* (London: Longman Group Ltd., 1981), 206.

4 ミルトンのギリシア的黄金時代に関する態度はつぎの一節にもうかがえる。"If at pleasure hee can dispence with Golden Poetick ages of such pleasing licence, as in the fabl'd reign of old Saturn." (*The Doctrine and Discipline of Divorce*, F. A. Patterson et al., *The Works of John Milton*, New York: Columbia University Press, 1931, III, 446.)

第七章　十八世紀の庭園思想——イギリス風景式庭園の誕生

時代的背景——イギリスは「産業革命」をへて「世界の工場」となった

今まで見てきたように、イギリスを代表する詩人、スペンサーとミルトンは、いずれも、「自然」が「人工」に勝るというコンセプトに立って、理想の庭園像を描いてみせた。しかし、それは、理念的な自然であって、現実の自然は、人間が原罪を犯して堕落して以来、神に呪いをかけられ、堕落した状態にあり、その呪いを解くには、人間の力で自然を穢れから回復する以外に道はないのである。

自然を改善し、楽園を取り戻すには、まず自然を熟知する必要がある。なにしろ、堕落前のアダムは「あらゆる家畜、空の鳥、野のあらゆる獣」に名前を付けられるほどに、自然に対する知識を持っていたのだから……（図49『創世記』二、二〇）。自然知識を、堕落前のアダムのレベルまで回復するには、ひたすら、自然物を収集し、観察し、研究する必要がある。

かくして、「失われた楽園」をこの地上で回復するには、一大科学革命を展開する必要が生じたわけである。科学革命は、こうした宗教的動機を一つの推進力として始まったのだが、十八世紀になると、種々の社会情勢の変化が追い風となり、自然科学はより一層発展することとなる。ただし、公共善を目指した宗教的理想と、経済活動による利己的な私欲追求と間には、徐々に軋轢が生じることにはなるが、それは必然的な時代の流れであった。

図 49　アダムの自然知識

まず、十八世紀のイギリス庭園論を考える際に、イギリスが海外貿易で大きく台頭した事実を見逃すことはできない。

イギリスは、十七世紀後半に「貿易立国」を標榜した。海外植民地の大規模農園《プランテーション》から安価な原料を輸入し、自国内で原料を加工して製品を輸出するという経済システムを確立し、さらに、十八世紀後半には、世界に先駆けて「産業革命」を経験し、「世界の工場」としての不動の地位を獲得した。

イギリスの大規模農園は、カリブ海や北アメリカなどの熱帯・亜熱帯地域に造られたから、そこを足場に、海外の植物相の研究や、植物栽培の研究がますます活発になったのだ。その結果、海外の珍しい植物を持ち帰り、植物園、養樹園、個人庭園などで、展示・栽培・研究をするようになり、イギリス庭園の様相も大きく変貌することになったというわけである。

また国際的競争力の面でも、ヨーロッパ諸国との関係が逆転し、それまでヨーロッパ文化を「学習する」立場にあったのが、今度は、他国から「学習される」立場に格上げされることになった。これは庭園論にもあてはまり、今まではイギリスがもっぱらフランス式庭園やイタリア式庭園から学ぶだけであったものが、今度は大陸諸国が「イギリス式庭園」を学ぶことになったのである。

かくして、十八世紀になると、時代の要請に応えて、植物の研究、園芸・造園技術の開発が飛躍的に進み、関連書籍の出版点数は六〇〇点を数えるまでになった。十七世紀に比べ、学問領域や興味の範囲は大きく広がり、本草学、医療、植物学、植物生理学、植物解剖学、植物相、庭園（植物園、個人の庭園、養樹園など）、園芸、庭園設計、植樹、商業用植物の開発など、より科学的・専門的・多角的になっている。どのジャンルを取り上げても、庭園論と、直接・間接に関わり、興味は尽きないが、限られた紙面ですべてを論ずることはできない。

ここでは、十八世紀の庭園観に密接するジャンルに絞ることとし、まず手始めに、当時の園芸や造園の発達を促した種々の社会的要因を、少し見ておこう。

王立協会と芸術産業技術振興協会が、植林活動などをバックアップ

まず、さまざまな機関が、組織的に、植物研究、植物栽培、植林などの諸活動をバックアップした事実がある。代表的な機関としては、王立協会、ロンドンのリンネ協会、芸術産業技術振興協会(the Society for the Encouragement of Arts, Manufactures and Commerce)などがあげられる。

まず、王立協会は、植物学の発達において、十七世紀以上に、学術面で重要な役割を果すことになる。特に、植物に関する純粋な科学的研究では、イギリスにおけるもっとも重要な研究機関になったといっても過言ではない。王立協会を通して発表された論文だけを見ても、設立当初から一七八八年のリンネ協会の開設までの間に、『哲学会報』(*Philosophical Transactions*)に一〇〇点を超える植物学関係の論文が発表されている。

リンネ協会は、生物学者のカール・フォン・リンネ(一七〇七―七八年)にちなんで名付けられた学術団体だ。リンネが、動植物の科学的命名法の確立者であることから、協会名が付けられたのだが、協会の仕事も、とりわけ、生物分類法の確立において多大な貢献をした。ちなみに、昭和天皇は、昭和七(一九三二)年からリンネ協会の名誉会員であられた。

次に、芸術産業技術振興協会が、イギリスの森林再生にはたした大きな功績を紹介しよう。

この協会は、一七五四年、W・シプリーの提案で設立され、農業やハズバンドリーの分野で重要な役割を演じた。シプリーは、技術の発明・改良を奨励し、優れた者に賞金を授与することを提案し、そのための寄付を募り、それが発端となって協会が設立されたのである。この協会が授与した賞の一例をあげると、赤色染料の材料となるアカネの栽培、薬効のあるダイオウの栽培、イガマメやアルファルファを含む種々の飼草の栽培などがある。

一七五八年からは、植樹の功労者にも金銀のメダルを授与するようになり、森林再生を促すことになった。第五章で紹介した通り、イーヴリンの『シルヴァ』が「森林回復」を謳ったものの、十八世紀の後半になるまで、大多数の土地所有者は、森林再生にあまり興味を抱いていなかった。

そこで、芸術産業技術振興協会が音頭をとり、一七五八年から十九世紀中頃にいたるまで、メダルを授与して植林を奨励したわけである。それが功を奏し、土地所有者の森林再生への意欲が刺激され、十八世紀末には数千万本の樹木がイギリス全土に植えられるようになった。一説によると、もっとも少なく見積っても、五〇〇〇万本が植樹され、そのうちの二〇〇〇万本はモミとカラマツ、一五〇〇万本はオークだったといわれている。

メダルを授与された事例を、二、三紹介しておこう。一七五八年には、グロスターシャ、ホークスベリで二三エーカーの土地にオークの種子を蒔いたボーフォート公爵に金メダル、一七七八年には、ノッティンガムシャのブライスでモミの苗木を一〇万一六〇〇本植えたウィリアム・メリッシュ氏に金メダルといった具合だ。メリッシュ氏はまた、一七八〇年に、四五万五〇〇〇本のカラマツを植えたことで、二個目のメダルをもらっている。

このようにして、十八世紀末を迎える頃になると、植樹面積は数千エーカーにも及ぶことになるのだが、それは少なからずイギリスの自然風景や庭園の景観を変貌させる一因になったのである。

植物園の発達で、知識・技術が進歩し、栽培植物も増えた

この時代には、植物園、個人の所有する庭園、商業用庭園などの庭園《ガーデン》の発達にも、目を見張るものがあった。これらの庭園は、専門的な植物学的知識や園芸技術の発達だけでなく、庭園で栽培される植物の種類と株数を増す上でも重要な役割を演じたのである。

植物園については、前章で触れたオックスフォード植物園（図50）以外にも、エディンバラ植物園、チェルシー植物園、ケンブリッジ植物園、キュー王立植物園などが注目に値するが、ここではキュー王立植物園について、簡単にご紹介しよう。

キュー王立植物園は、一七六〇年頃、ジョージ三世（在位＝一七六〇―一八二〇年）の王母、オーガスタ・オヴ・サクス・ゴータ（一七一九―七二年）によって開設されたもので、この植物園の特徴は、何と言っても栽培される植物の多様性にある。

オーガスタの植物学・園芸顧問であった、ジョン・ヒルが、一七六六年に出版した『イギリスで

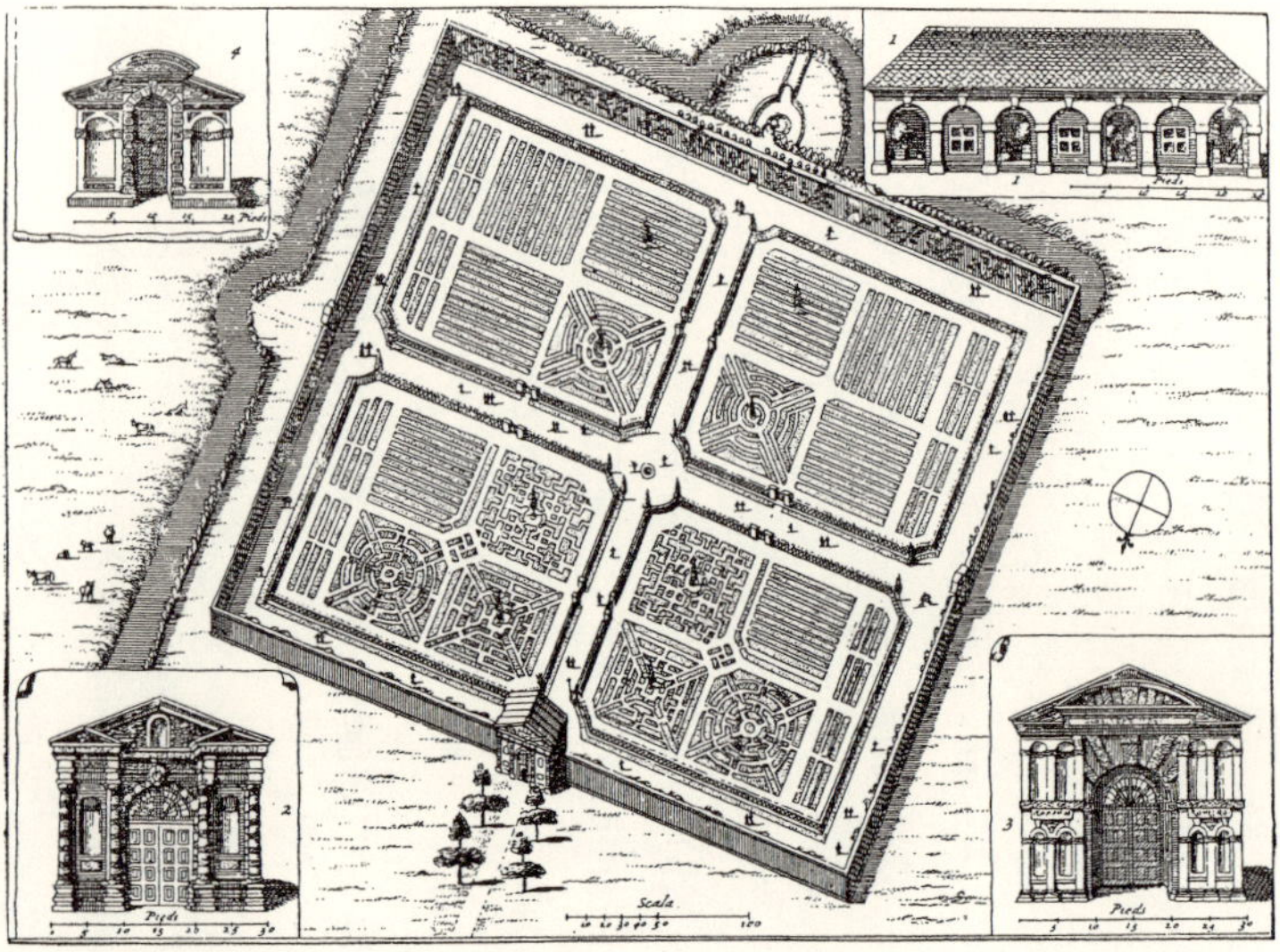

図50　オックスフォード植物園

栽培されている樹木、低木、植物』（*Trees, Shrubs and Plants, Cultivated in Britain*）というパンフレットによると、キュー王立植物園の栽培リストには、三七九二種類の植物と種子が記載されており、その二年後の『キュー王立植物園』（*Hortus kewensis, Catalogue of the Plants Cultivated in the Royal Botanic Garden at Kew*）という植物のカタログにも三四〇〇種類とある。つまり、この植物園には、常時、三〇〇〇種から四〇〇〇種くらいのストックがあったようだ。また後者のリストには、北米産の二六種類の新種も含まれている。

ジョージ三世がキュー・ハウスに移り、ジョセフ・バンクス（一七四三―一八二〇年）が顧問になると、キュー王立植物園はさらに発展する。バンクスは、植物や種子の採集人を海外へ送り、積極的に植物収集

図51　オックスフォード薬草園入り口

を行ったが、その方針は功を奏し、キュー王立植物園は、ヨーロッパ屈指の植物学研究所となった。ウィリアム・エイトンが、一七八九年に出版した『キュー王立植物園』のカタログには、イングランドの植物園に栽培されるほとんどすべての植物の情報が掲載されるまでに至ったのである。

プラントハンターが外来植物をもたらし、個人所有の庭園も発達した

イギリス庭園が豊かになったのは、国外から持ち込まれる植物が飛躍的に増加したことによる。十八世紀は、世界中の植物がイギリスに集められた時代だといっても過言でないだろう。それも、オーストリア、イタリア、スペイン、ポルトガル、スイスといったヨーロッパ諸国だけではなく、北米、南米、東西インド諸島、南アフリカの喜望峰、オーストラリア（ニュー・サウス・ウェールズ）、シベリア、中国、日本など、遠隔地からも珍しい植物が収集された。植物収集は、文字通り世界を股にかけての一大事業だったのである。

そうした事業を後押ししたのは、組織立った植物園だけではない。貴族、裕福な土地所有者、医者、商人、植物学者、商業用庭園の所有者など、いろいろな職種・階層の人々が、珍しい植物のコレクションに乗り出したのである。

「種子商《シーズマン》」（seedsman）、「養樹園主《ナーサリーマン》」（nurseryman）、「草花栽培家《フロリスト》」（florist）と呼ばれる人たちが、

以前にもまして活躍したのもこの時代である。

彼らは、自分の庭園で植物を栽培するだけでなく、新種の植物や種子の売買にも手を広げていた。例えば、ケンジントン近郊の養樹園主で種子商人、ウィリアム・マルコムの『暖房設備付温室と温室の植物、果実、森林樹木などのカタログ』(*A Catalogue of Hot-house and Greenhouse Plants, Fruit and Forest Trees, etc.* 一七七一年）の序文には、多くの庭師や養樹園主らが、外国種の植物収集と栽培に傾ける情熱の一端が見て取れる（図52）。マルコムは、「地球の津々浦々から植物の種をあつめ、それを増やすことが、私のこよなく愛する研究であった。それを遂行するためなら、出費も、労苦も、専心も惜しまなかった」と、熱い胸のうちをもらしている。[1]

実をいうと、外来の植物をいち早く栽培したのは、マルコムのような養樹園主たちだったのである。

もう一人、当時の養樹園主のリーダー格と目される、トマス・フェアチャイルドの庭園の様子をご覧いただこう（図53）。その著書、『都市の造園家』(*The City Gardener* 一七二二年）の口絵に使われた銅版画で、正面には幅広い通路があり、通路の両脇には花壇が造られている。通路には立派な樽植えの植物が四鉢並んでいるが、リュウゼツラン、バナナ、シュロ、サボテンのようだ。真中で庭園を案内しているのは園主のフェアチャイルドで、他の人物はお客だろうか。通路の突き当りには、霜に弱い植物を栽培するためのストーブつきの温室がある。フェアチャイルドは、単なる養樹園主ではなく研究者肌で、ナデシコとカーネーションの雑種を最初に作ったといわれる。

図 52　ウィリアム・マルコムの『暖房設備付温室の植物，果実，森林樹木などのカタログ』の口絵（ジョン・フレデリックの銅版画）

図53　トマス・フェアチャイルドの『都市の庭園』の口絵（ジョン・クラークの銅版画）

こんなわけで、イギリスの庭園や植物栽培地が、見違えるほどに豊かになったのは、彼ら養樹園主たちの活躍に負うところが大きいのである。

では、彼らは、どのようにして新種や珍種を手にいれたのだろうか。

植物や種子の入手方法は、外国人との文通、旅行者や海外在住者への収集依頼、採集人を雇っての海外植物探索、船長や船乗りによる遠隔地からの植物運搬など、多岐にわたっている。実は、次章で述べるオールコックも、日本の植物収集に興味を示した一人であったといえよう。オールコックは、キュー王立植物園の園長であり植物学者でもあるウィリアム・フッカーと文通し、日本で採集した珍しい植物、球根、種子などを本国に送っているのだ。

しかし、一口に植物や種子の運搬といっても、相手が生き物であるため、そう簡単には事が運ばない。船による長旅、移送による環境の変化などに適応できず、病害に冒されたり、枯れたりする植物が多かった。そこで、色々と工夫が凝らされ、輸送手段も考慮された。

たとえば、ロンドン商人で、博物学者でもあった、ジョン・エリス（一七〇五?-一七六年）は、長旅に耐えうる保存方法を考案し、数冊のパンフレットを発行している。たとえば、『西インド諸島やその他の遠方の国々から、植物が生長する状態で、種子や植物を持ち帰るための指示書――アメリカの植民地で奨励する価値のある外来植物のカタログつき』(*Directions for Bringing over Seeds and Plants, from the East-Indies and Other Distant Countries, in a State of Vegetation: Together with a Catalogue of Such Foreign Plants as Are Worthy of Being Encouraged in our American Colonies* 一七七〇年）は、一七八九年に出された匿名のパンフレット、『中国と日本から入手が望まれる植物と種子のリスト——ヨーロッパへ持ち帰るための指示書つき』（*A List of Plants and Seeds, Wanted from China and Japan; to Which Is Added, Directions for Bringing Them to Europe*）に転用されている。

パンフレットの題名だけでは、実態が分かりかねるが、エリスが考案した装置のイラストが収められているので、ご覧いただこう（図54）。それぞれ、

①西インド産の種子を育てる保護用のワイヤー格子窓付き貯蔵樽、
②新鮮な空気を取り込むために両端と正面に隙間のある、西インド産と西フロリダ産の植物を入れる箱、
③南方植民地や西インド諸島産の種子や切断したコケ類が入るように区分けされた箱、
④西フロリダ産と西インド産の植物の根を保護するために、土とコケ類をつけたまま紐でしばり、運搬中に動かないように固定した箱の内部、

を描いたイラストである。この種の箱は、後に、医師ナサニエル・ウォード（一七九一——一八六八年）によってさらに改良される。有名な、ガラス製の四角い箱、ウォーディアン・ケースである。

このように手間暇かけて運搬された植物や種子の中は、高値で取引される立派な商品もあった。一七三〇年に、造園家協会（the Society of Gardeners）が出した『植物のカタログ』（*Catalogus plantarum*）の「前書き」には、植物収集に余念のない学識経験者や貴族の名前が記録されていた。

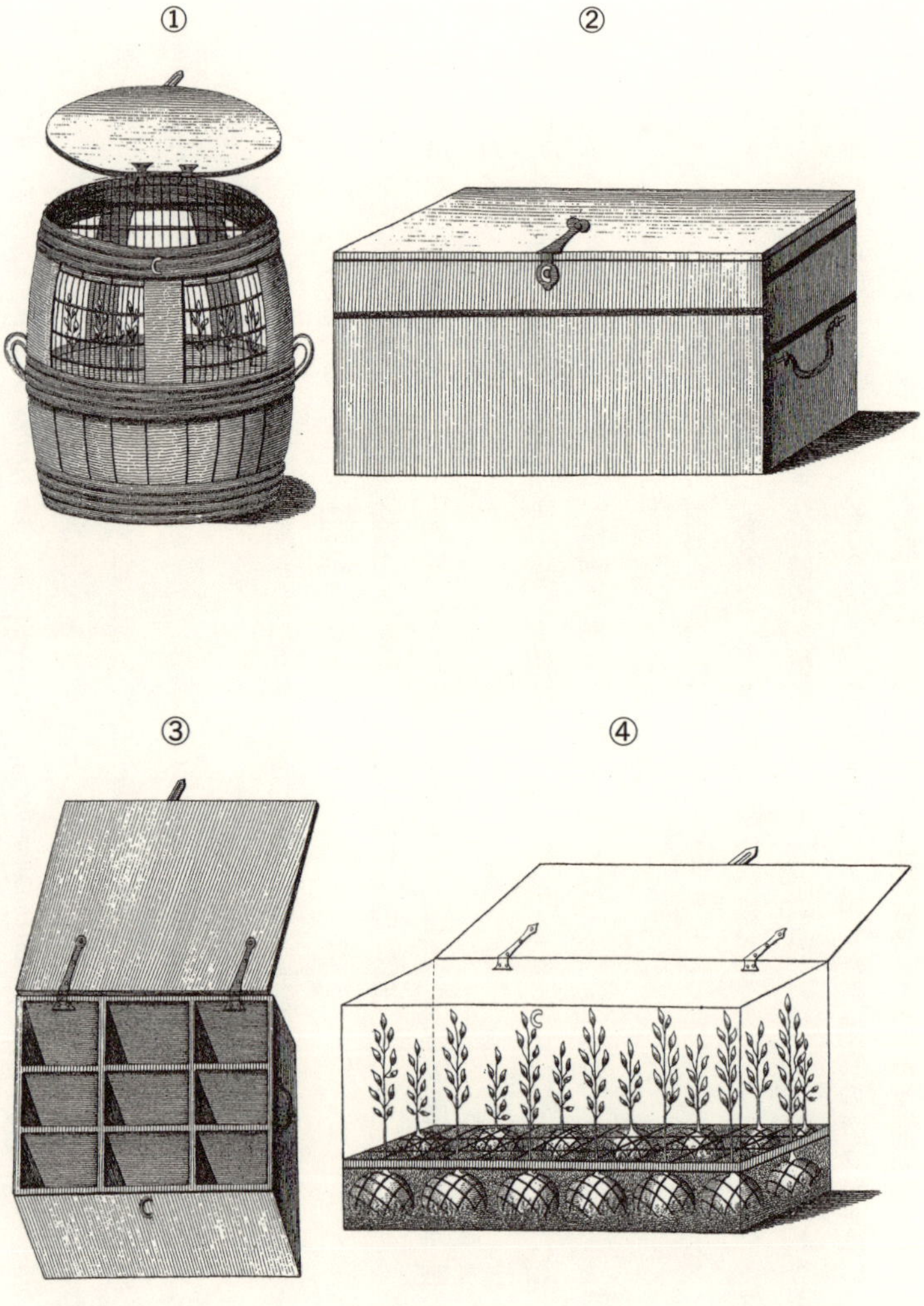

図 54　エリスの『西インド諸島やその他の遠方の国々から，植物が生長する状態で，種子や植物を持ち帰るための指示書』（1770 年）の銅版画の口絵

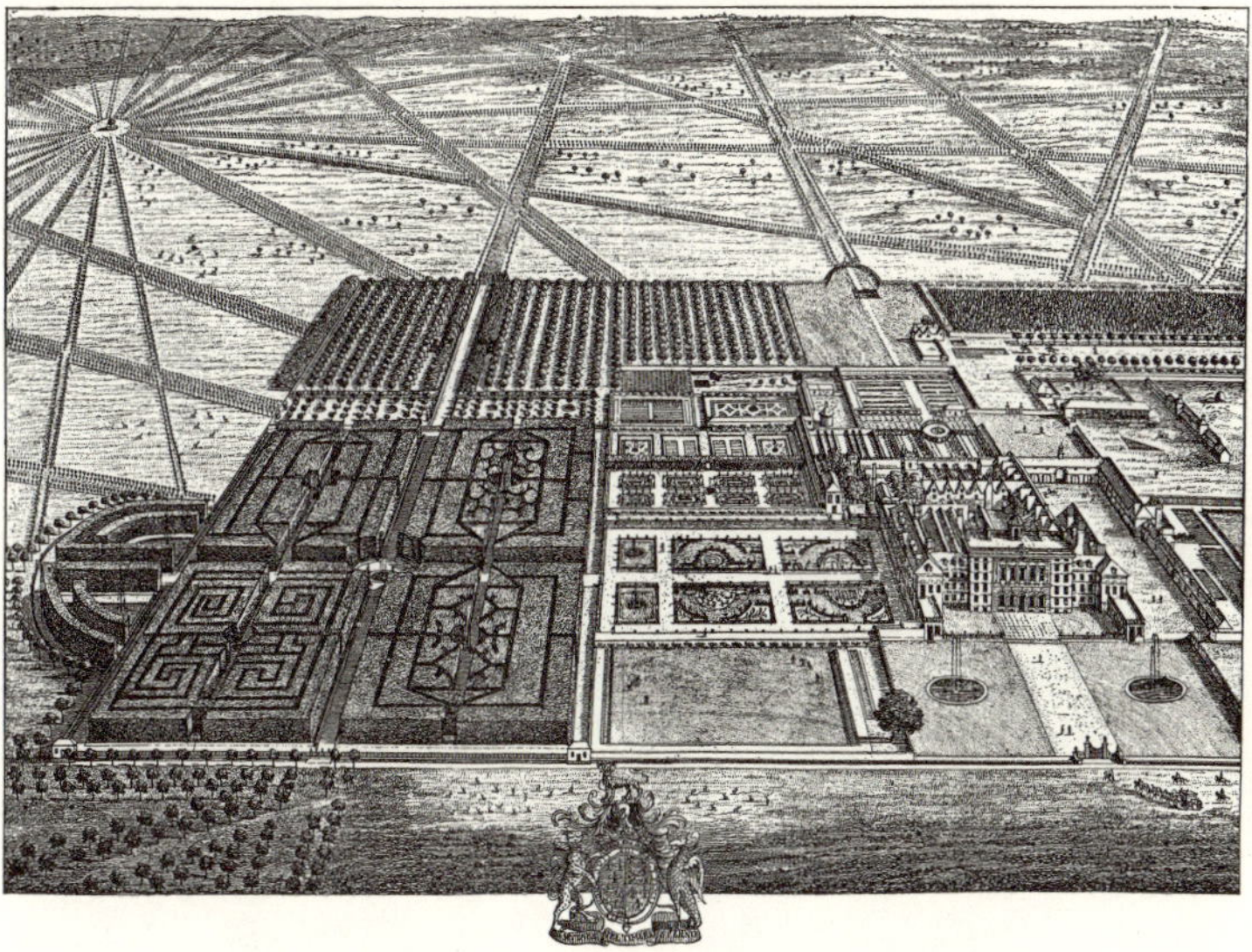

図 55　グロスターシャ，バドミントンの邸宅と庭園

協会にとっては、大切なお得意先であったに違いない。

その中の一人、ボーフォート公爵夫人、メアリ・サマーセット（一六三〇―一七一五年）は、博物学の後援者であるとともに、花の大愛好家、珍種植物の収集家として地元の有名人であり、グロスターシャの領地バドミントンにある庭園（図55）には、世界中から集めた草花が所狭ましと飾られていたという。

植林運動が庭園思想を変えた

十八世紀イギリスで、森林再生が盛んになったことは、先に述べた。

芸術産業技術振興協会の後押しで、植林運動のような状態になったのだが、植林の主目的は、造船用木材、家屋建材、燃料、家具材などの確保で、もっぱら実用的なものであった。また、植林をすれば、土地の価値が高くなり、子孫のための投資にもなると考えられた。折りしも、ブルジョア階級の台頭期であり、伝統的な農業社会から市場経済にもとづく商品社会へと大きく変貌する過程であった。社会全体が商品化に向かって進み、庭園とても例外ではありえなかったのだ。

とはいえ、この植林運動の結果は、イギリスの庭園史上、きわめて重要な意味を持つことになった。植林により、庭園の自然的景観・美観も大いに向上し、それと並行して、人工的な整形式庭園よりも、木立のある自然風庭園のほうが美しいとする庭園思想が主流を占めるようになったのである。

『スペクテイター紙』(*The Spectator*) は、ジョセフ・アディソン (批評家、詩人、政治家、一六七二―一七一九年) と、サー・リチャード・スティールによって創刊されたが、自由な裁量による土地レイアウトを提唱し、他方で、従来の人工的なトピアリの技術を批判する有名なエッセイを発表している。アディソンは、「数学の図形のように切ったり、刈り込んだりした樹木よりも、小枝や大枝が青々と繁茂し、枝葉をのびのびと広げている樹木を見上げていたいものだ」(一七一二年六月二五日の四一四号) と述べているのだ。

その一年後には、詩人のアレグザンダー・ポープが、『ガーディアン紙』(*The Guardian*) で、古代ギリシアのアルキノオス王の庭園を持ち出し、その自然風の古典的庭園を援用して、トピアリ

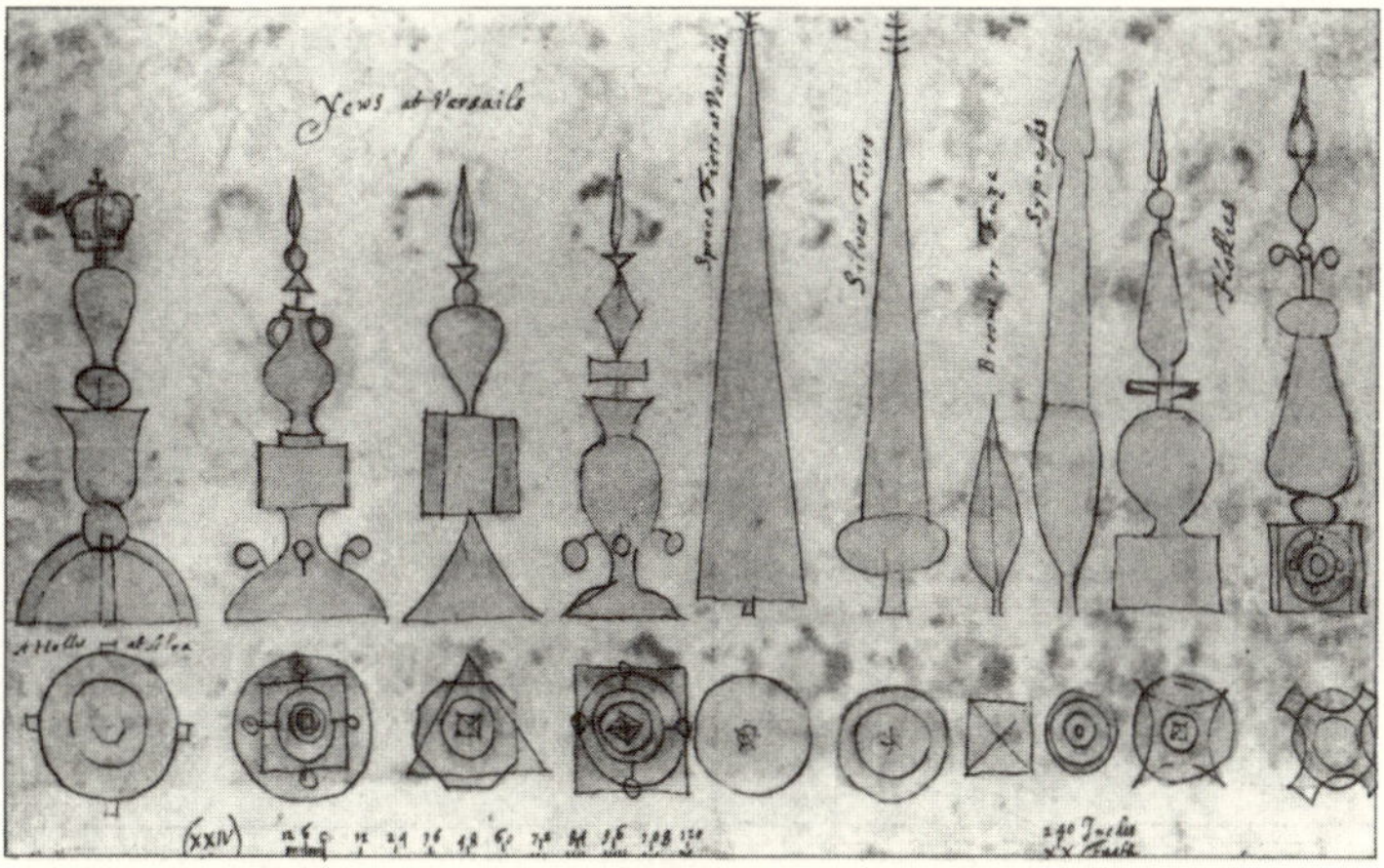

図 56　ヘンリー・ワイズによると思われるトピアリのデザイン

（図56）などは自然に暴力的に接合された「緑の彫刻」だと皮肉った（一七一三年九月二九日の第一七三号）。

これからお話しする、スティーヴン・スウィッツアーやバッティ・ラングレイらの、新しい庭園形式の支持者も、植樹によってイギリスの自然美を追求しようとした人々である。そして、十八世紀後半を迎え、ケイパビリティー・ブラウンの自然風な造園手法が一世を風靡するようになると、庭園での樹木の活用範囲はさらに広がることになる。

庭園のデザイン革命——イギリス式庭園の登場

十八世紀前半、イギリスの庭園では一大革命が起きていた。植樹による景観の改善は、庭園観の変化を表す一現象であったが、植樹の影響と共に、庭園デザインそのものが大きく変化したのだ。従来の整形式庭園は徐々に廃れ、イギリス式庭園が表舞台に登場するようになるのである。

今までの整形式庭園は、厳格に幾何学的にレイアウトされ、「整形式」、「幾何学的」、「規則的」な特徴をもっていたが、それに代わる「イギリス式」は、「非整形式」、「自然風」、「不規則的」、「風景式」という相反する特徴をもつ。

ここに来て、従来から文学や芸術論をにぎわせていた、「人工」と「自然」の対節法的関係が、実際の造園でも見られるようになったのである。まずは、庭園設計・デザイン関係の出版物から、その思想的な流れを追ってみるとしよう。

十八世紀のイギリスで、最初に登場する庭園デザインの本は、フランス人の造園家A・J・D・ダルジャンヴィルの、『造園の理論と実践』（*La théorie et la pratique de jardinage* 図57）で、一七一二年に英訳本が出版されている（*The Theory and Practice of Gardening*）。ロンドンの有名な建築家、ジョン・ジェイムズ（?—一七四六年）が翻訳者である。

その内容は、一般に「快楽《プレジャー》の庭園《ガーデン》」と呼ばれるもので、美しい庭園のデザインと構成を紹介し、パルテール、迷路《メイズ》、園内の建造物、装飾、噴水、水盤、人工の滝《カスケード》などの造り方などを詳述し、十八世紀初頭イギリスの整形式庭園に、数多くのインスピレーションを与えた。当時もっとも有名な造園家であったフィリップ・ミラーも、『庭師と草木栽培家の辞典』（*The Gardeners and Florists Dic*

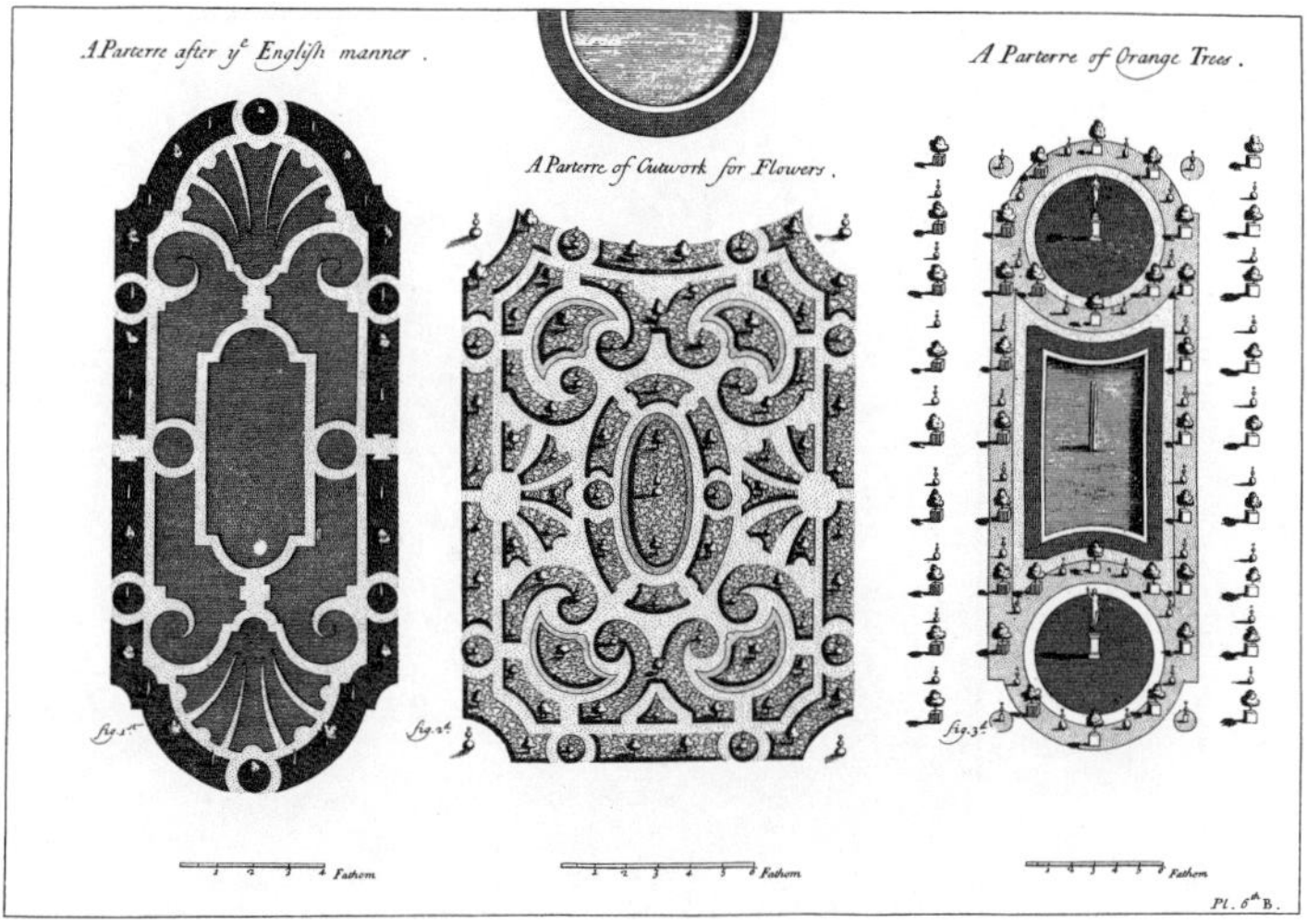

図 57　A. J. D. ダルジャンヴィルの『造園の理論と実践』より

tionary　一七二四年）と、『庭師の辞典』（*The Gardeners Dictionary*　一七三一年）で、ダルジャンヴィルの造園指針や規則を取り入れている（図 58）。

ダルジャンヴィルで注目すべきことは、一方で整形式庭園論を展開しながら、他方で自らが「アーアー」と呼ぶものに早くも言及している点である。「アーアー」とは深い溝や堀で、それが、庭と遠景の見えざる境界線となるのである。イギリスの「ハーハー」にあたり、遠目には見えないが、近くへ来て初めて深い溝があるのに驚いて「アー、アー」(ah, ah) と叫んだことから名付けたと、命名の由来を説明している。

それまで、「庭園は塀で囲まれたもの」と相場が決まっていたのに、広い視界を確保するために、塀の代わりに、「鉄格子」や「アー、アー」の設置を提案しているのだ。視界の拡張という意味では、まさに開かれた庭園の登場を予感させるコンセプトではないか。

先に紹介したごとく、『スペクテイター紙』のアディソンと、『ガーディアン紙』のポープのエッセイが、自然風庭園を称揚したのは、一七一二年と一七一三年で、それを契機に、時代の動きは、

図58　フィリップ・ミラーの『庭師の辞典』の口絵

非整形のギリス式庭園論へと一気に加速されるわけである。そして、一七一二年は、奇しくもダルジャンヴィルの翻訳本が出版された年でもあったのだ。

イギリス式庭園論を、最初に支持した造園家は、スティーヴン・スウィッツアーであった。スウィッツアーは、『貴族、紳士、庭師のリクリエーション』（*The Nobleman, Gentleman, and Gardener's Recreation* 一七一五年）や、『田園平面図』（*Ichnographia rustica* 一七一八年）で、ミルトンの『パラダイス・ロスト』の詩行を引用し、自然美溢れる「田園の風景」を示し、いち早く、アディソンとポープの意見を取り入れた人物である。

スウィッツアーの友人で、景観設計士のチャールズ・ブリッジマンもまた、新しい庭園スタイルの提唱者だった。

ブリッジマンは、刈り込まれた高い生垣にはこだわりを見せたものの、ポープと同様に、トピアリの使用には反対の立場をとった。ブリッジマンは、「ハーハー」を最初にイギリス庭園に導入した人物でもあり、ストウ庭園の「ハーハー」は彼の作品だといわれている。

第四代オックスフォード伯爵で、著述家の、ホレイス・ウォルポールは、「ハーハー」はブリッジマンの独創だと考えるが、上述のごとく、フランス人ダルジャンヴィルの本は英訳本が出ており、その「アーアー」の影響は無視できない。

造園家で建築家のバティ・ラングレイ（一六九六―一七五一年）も、ブリッジマンやポープらと面識があり、二人から少なからぬ影響を受けていた。一七二七年の『造　園《ガーデニング》の新指針』（*New Principles of Gardening*）の「序文」では、イギリスの整形式庭園を批判し、「あまりにも硬直した整形式庭園ほどショッキングなものはない。そのような庭園では、その四分の一さえ見れば、残りの四分の三はすべて同じものの反復にすぎない」と述べている。[2] 庭園は「規則的な不規則性」（regular irregularities）で構成されるべきだ、というのがラングレイの主張である。[3]

具体的にいえば、木立は、果樹園のように直線的に規則正しく並べられるのではなく、まるで樹木が自然からその場所を授かったかのごとく、「田園風」に植樹されなければならないというのである。また、視界は広ければ広いほどよく、中途半端な鉄格子よりも自然風の「ハーハー」の方が好ましい、と付け加えている。

ところで、創成期のイギリス式庭園論者たちは、一方でトピアリや整形式庭園を批判しつつも、他方では人工性や規則性の入る余地を、ある程度は容認しているのがおもしろい。規則性と不規則性、人工性と自然性の棲み分けができていたといってもいいのかもしれない。

アディソンやポープも、庭園の人工性を、自然性との間に、対立感や均衡を生み出すための必要物と考えていたし、スウィッツアーも、ロンドンやワイズから、フランス・オランダの整形式庭園の造園技術を学んでおり、ダルジャンヴィルのフランス式造園法を高く評価したし、ルイ十四世のヴェルサイユ宮殿の庭園技術に賞賛を惜しまなかった。また、スウィッツアーとともに、「新しいイギリス式庭園の先駆け」と言われた、ウィリアム・テンプルや、第三代シャフツベリー伯爵アンソニー・アッシュリー・クーパーについても、同じことが言える。一七一二年以来、「新しい庭園様式の予言者」だともてはやされたテンプルにしても、「完成された庭園」とは、幾何学的な整形式庭園であると考えたのである。

要するに、初期のイギリス式自然風庭園論とは、整形式庭園も伴っているがために、過渡期で未成熟なものであったということなのだろうか。

「整形式庭園」と「自然風庭園」の共存した意味を考える

創成期のイギリス式自然風庭園で、整形と非整形が共存した意味を考える上で、まず、スウィッツアーの言説に注目したい。

スウィッツアーは、「囲まれた庭園」のすべてを非難しているのでなく、都市や町や敷地の限られた所では、むしろ「囲まれた庭園」が絶対に必要だと述べている。屋敷の周囲では少々の整形式庭園は許されるが、「田舎」では自然を追求し、庭園は開放されるべきだというのである。

このような発想は、ベーコンが、『庭について』の中で、「荒野《ウィルダネス》」（常緑樹や香木を人工的に植えた区画）を庭園の一部に組み入れたことや、サー・ヘンリー・ウォットンが、『建築要諦』（*The*

Elements of Architecture（一六二四年）の中で、建物は規則的でも、庭は不規則的、少なくともきわめて野生味を帯びて規則的であるべきだと主張したのと、一脈通ずるところがある。

ここで、建物は規則的であってもいいということに注目したい。

ルネッサンス期イタリアの建築家では、アンドレア・パラディオ（一五〇八―八〇年）がイギリス人にもてはやされた。パラディオは、古代ローマの遺跡を測量してまわり、左右対称《シンメトリー》や割合《プロポーション》の原則を発見し、それを建築に応用した。パラディオの建築も、円と正方形とが調和した均衡の原理に基づいている。円や正方形は本質的な幾何学的形相であり、それを模倣することが、自然と調和する建築法であると考えたのである。

ルネッサンス期には、庭園は建物の一部と考えられ、庭園も建物のように幾何学的構造をとるようになった。敷地には中心軸を引き、その両側、左右対称に幾何学的な構成要素を配置するという具合だ。ヴェルサイユ庭園を、その典型例としてあげれば、ご理解いただけるであろう。

次に、「芸術は自然を模倣すべし」という芸術理論が重要である。

スウィッツアーにしても、テンプルにしても、庭園は、自然を模倣すべき芸術だと捉えていた。テンプルは、自然に従わなければよい庭園をデザインできないと考えていたし、スウィッツアーも、デザインは自然に従属させねばならないと思っていた。

ここで問題は、その「自然」意味である。「自然」が「本質」という意味なら、プラントン的な形相論に基づき、庭園には本質的な幾何学的形態を要求されるだろう。「イデア」＝「本質」が完全な世界ならば、現実の庭園もその世界を模倣しなければならないというわけだ。

実をいうと、そのような幾何学的な発想は、古代ギリシア哲学の専売ではなく、キリスト教の天地創造とも無縁ではない。ウィリアム・ブレイクの『日の老いたる者が時間を計る』というデッサンでは、神は太陽の円盤にいて、世界に向かって巨大なコンパスを差し出しているし、ダンテの『神曲』の「神」とは、そのコンパスで「世界の境界を印」する建築家であった（『天国篇』一九巻、四〇―四二）。システィーナ礼拝堂にある、ミケランジェロの天井画にも、地球の寸法をコンパスで測る神の姿があったことを思い出していただきたい。

これに対し、もし「自然」が「手付かずの野性の自然」という意味なら、自然を模倣する庭園も、不規則で、非幾何学的なデザインとなる。

このように、十八世紀における「自然」の意味は、決して一つに統一されたものではないし、それに「自然風の風景」という新たな意味合いまで加わり、ある意味で、混沌とした状態だったのである。したがって、この時代における「自然」の意味の変化が、つまり、理念的な意味から経験主義的な意味への変化が、庭園デザインに革命を起こした一因と考えられないだろうか。デカルト的合理主義から、ベーコン、ホッブス、ロック、ヒュームの経験主義へと移行する時期にあって、庭園論も経験主義から大きな刺激を受けたことは確かだろう。

さらに、新しい庭園論の支持者たちが、開かれた庭園を田園に造りたがったことに注目したい。例えば、テンプルの庭園観は伝統的なもので、その庭園は壁や生垣で囲まれ、草花や野菜や果物を植えていたが、こと果物については特別に入れ込んでいた。おそらく、ウェルギリウスの『農耕詩』に倣っていたからで、田園願望の現れであろう。また、スウィッツアーも、その庭園論で、エデンの園から初めて、ホメロス、ホラティウス、エピクロス、ウェルギリウス、オウィディウスなど、古代ギリシア・ローマの文人や哲学者から、田園生活の技術や哲学を学んだことを認めている。さらに、ラングレイも、「自然風」であることを「田園風」と言い換えているではないか。

彼らは、ともに古代ギリシア・ローマの園芸の理想を心に抱きながら、田園の中にイギリス的な庭園の形式を追求したのではなかろうか。

中国的庭園の要素が導入された

テンプルに関しては、彼が、中国的庭園思想に触れていることを忘れてはならないだろう。彼は、『エピクロスの庭について』というエッセイで、中国の庭園では非対称が理想であるのに対して、西洋の庭園では均衡と対称が理想であると述べ、その違いを強調して見せたのだが、そのくせ、テンプル自身の庭園には、何ら中国的要素は見出せなかった。それどころか、経験不足の者が中国式造園をすると失敗する恐れがあるので、西洋の伝統内で仕事をするように勧めているのだから、中国の庭園様式を積極的にイギリスに定着させようという意思はなかったと考えるべきであろう。

ところが、十八紀になると、人々の中国への関心はずっと高まってくる。

たとえば、一七五二年には、『北京近郊の中国皇帝の庭園についての詳細な説明』(*A Particular Account of the Emperor of China's Gardens near Pekin*)という文書が出されている。フランス人のイエズス会宣教師、ジャン=デニ・アティレー(一七〇二―六三年)が友人に宛てた手紙を、ジョセフ・スペンスが英語に抄訳したものだ。

アティレーは、一七三七年に中国に渡り、清朝第六代皇帝の乾隆帝(一七一一―九九年)の宮廷画家になった中国通で、その手紙には、円明園の様子が克明に語られていた。円明園は、乾隆帝が、南から嫁いできた后のために、蘇州、杭州、江南の風光をまねて造らせたものだ。中国版の風景式庭園(図59)であり、敷地の大半が大小の池よりなり、島と狭い土地に種々の建築物が配置されている園林離宮である。

一七七二年には、サー・ウィリアム・チェインバーズ(一七二三―九六年)が、『東洋式造園に関する論文』(*Dissertation on Oriental Gardening*)を出版した。チェインバーズは、整形式庭園と、

図59　北京の円明園（ヨーロッパ風庭園）

新しいイギリス風景式庭園をともに批判し、整形式庭園はあまりにも法外に自然から逸脱し、イギリス式風景庭園はあまりにも几帳面に自然に忠実すぎるといって、中国式庭園の優位性を証明しようとした。

イギリス庭園式を批判する際に、ブラウンを念頭においていたため、ブラウンの支持者から鋭い非難を浴びたが、海外では好評を博し、「イギリス・中国式庭園」(jardin anglo-chinois)を産む母体となった（図60）。

チェインバーズは、一七五五年にオーガスタに紹介され、一七五七年から一七六二年まで、キュー王立植物園に、古典様式と中国様式を用いて、神殿や中国風パゴダ（図61）などの建造物を築いたことは有名である。ともあれ、テンプルの時代に較べて、中国式庭園がイギリス人の造園的想像力を大いに刺激したことは事実であろう。

図 60　イギリス・中国式庭園　ル・ルージュ著『当世風の新庭園』より

図 61　キュー王立植物園のパゴダ

絵画的風景と庭園

さて、イギリス式庭園論が登場したからといって、庭園表現が、すぐに経験主義的なものに向ったというわけではない。

皮肉なことに、それを遅らせた原因もまた、古代ギリシア・ローマの楽園思想にあった。それを説明するには、文学ではなく、視覚芸術、特にイタリア風景画との関係について述べねばなるまい。その立役者は、イギリスの建築家・画家・造園家のウィリアム・ケント（一六八六?―一七四八年）である。ケントは、イタリアに絵画を学ぶために留学していたが、そこで、グランド・ツアーで滞在中の第三代バーリントン伯爵リチャード・ボイル（一六九四―一七五三年）と出会う。

ボイルは、美術品のコレクターとして有名で、ケントを画家として雇うつもりでイギリスに連れ帰った。しかし、ケントが開花させたのは、期待された画才ではなく、建築や造園の才能であった。特に造園は、友人である詩人ポープの影響があったのかもしれない。ケントは、ボイルのために、ミドルセックス州チズウィック・ハウスの造園を手伝ったのを皮切りに、つぎつぎと庭園設計をてがけていった。

ケントは、今までの自然風庭園の支持者とは見方が異なっていた。造園家の眼ではなく、画家の眼をもって、庭園を眺め、庭園設計の視点も、パースペクティヴや光と影という絵画的原則に基づくこととなる。例えば、あまりにも広すぎると思われる芝生は、適切なパースペクティヴを確保するために、樹木や木立で区切りを入れる。風景にアクセントが必要ならば、神殿、橋、建造物などのオブジェも配置する。ケントは、「自然は直線を嫌う」という持論を持ち、曲がりくねった道や、蛇行した川の流れを称揚する、といった調子だ。ケントにとって庭園とは、油絵のカンバスのような芸術的空間に他ならないのである。

ただし、ケントが理想とした風景は、コンスタブルが好んで描いたイギリスの田園風景ではなく、異国イタリアの風景だったのである。ケントの理想は、ローマで活躍したフランスの風景画家のクロード・ロラン（一六〇〇－八二年）、ニコラ・プーサンの息子のガスパール・プーサン（一六一五－七五年）、イタリア風景画家のサルヴァトーレ・ローザ（一六一五－七三年）らの風景画の世界であったのだ。

ロランとプーサンが、本能的に追い求めたのは、古代ローマ詩人らが詠うテーマで、彼らのカンバスもまた、ウェルギリウスやオヴィディウスの詩の場面を視覚化したものだったのである。古代ギリシア・ローマ時代の建物の廃墟や、古代ローマ人の衣装をまとった人々などを描くことで、古代からの普遍的な理想美を表現しようとしたといってもよい。

彼らは、田園での隠遁生活に、古代ギリシア・ローマの詩人たちと同様、人間と自然が、大地の恵みのもとで調和するという、「地上の楽園」の夢を追い求めたのである。そうした古代の黄金時代の神話が、視覚芸術を通してケントの心を捉え、庭園へと流れ込んだのである。

ロランとプーサンに対し、サルヴァトーレ・ローザの作風は異なっていた。ローザは、戦闘、嵐、険しい山岳、荒ぶる海など、劇的な風景を主題として描き、イギリスで非常にもてはやされた。それはまた、ロマン主義的な風景画の形成に大きな役割を演じ、やがて、これからお話しするピクチャレスク庭園へとつながってゆく。

ランスロット・ブラウンとピクチャレスク

やがて、そのようなロマンチックな夢を打ち砕く造園家が、彗星のごとく登場する。ランスロット・ブラウン（一七一六?―一七八三年）である。ブラウンは、たえず、「敷地の可能性《ケイパビリティー》」という言葉を口にしていたので、「ケイパビリティー・ブラウン」と渾名がついている。

ブラウンは、一七四一年から一七五一年まで、ストウ庭園の主任造園家として活躍し、その間にケントとも親しくなったらしいが、手本としたのは、ケントのようなイタリアの風景ではなく、イギリスの風景そのものであった。

ブラウンの造園は、起伏に富む芝生、うねる川、樹木の植え込み、周囲を取り囲む森林の帯などを特徴とする。つまり、庭園構成要素のすべてを自然に見せかけるという、イリュージョン的な造園法を開発したのである。その意味では、ブラウンの造りだした庭園は自然に似て非なるもの、自然版の「魔法の庭園」であったといってよいだろう。そのためには、演出の妨げになるものは、美しい花壇であろうと、果樹園・菜園であろうと、何でも強引と思えるくらいに取り除いた。こうして、それまで栄華を誇っていた整形式庭園で、ブラウンの手がけたものは跡形もなく消滅したのである。

当然のことながら、ブラウンの造園法には、賛同者もいたが、反対者もいた。

ブラウン存命中の批判者には、中国式庭園の称揚者のウィリアム・チェインバーズがいたが、没後にも批判は続き、一七九四年に、二つの重要な作品が出版された。

リチャード・ペイン・ナイト（古物研究家、著述家、美術品収集家　一七五〇―一八二四年）の『風景、教訓詩』（*The Landscape, a Didactic Poem*）と、サー・ユーヴデイル・プライス（一七四七―一八二九年）の『真の風景を改善するためのピクチャレスク……および絵画研究の応用についてのエッセイ』（*An Essay on the Picturesque... and, on the Use of Studying Pictures, for the Purpose of Improving Real Landscape*）である。

彼らは、庭園により高い芸術性を求め、光、影、外輪、質感、変化など、絵画的な効果の美しさを強調した。造園家も、風景絵画の特質を手本にすべきだと主張し、ブラウンの風景は、あまりに

図 62　ピクチャレスクな風景，リチャード・ペイン・ナイトの『風景，教訓詩』より

も単調で、滑らかで、静寂すぎると批判するのである。

ここでは、ナイトを中心に話を進めよう。ナイトは、庭園の空間構成にも、偉大な風景画家の風景絵画ように、妙味がなくてはいけないというのである。

ナイトは、このことをわかりやすく説明するために、二枚の銅版画を対比的に提示する。ベンジャミン・トマス・パウンシーが、トマス・ハーンの絵画をもとにして描いたものだ。

まず、一枚目の銅版画（図62）をご覧いただこう。林間の空地に、エリザベス朝風の邸宅が見える。樹木は鬱蒼と茂り、前景には、雑草やシダに覆われた土手があり、岩や朽ちはてた樹木の間をぬって川が流れる。中間地点に見えるのは丸太

図 63　ブラウン風の風景，リチャード・ペイン・ナイトの『風景，教訓詩』より

橋だ。この、動きのある情景はドラマティックで、ケント好みの荒々しい絵画性をあますところなく描き出している。

二枚目（図63）をご覧いただこう。館はほぼ同じ位置にあるが、建物の様式はジョージ王朝様式に変えられている。敷地はブラウン式のレイアウトだ。木立は、二、三本ずつまとまって適当な間隔で散在し、どこまでも同じように滑らかな芝生が広がり、その間に、人工的な水路がぬう……。画家の目からみれば、これほど単調で趣のない世界はない。

こうした批判に対し、ブラウンを擁護したのがハンフリー・レプトン（一七五二—一八一八年）であった。レプトンは、一七九五年に『風景式造園の素描と心得』(*Sketches and Hints on Landscape*

図 64　ハートフォードシャ，アシュリッジのレプトン所有のバラ園のアクアチント版画

Gardening）を出版し、最初はブラウンと同じ様なデザインから始めたが、やがて、花壇を復活させたり、テラスを設けるなど、ブラウンの大まかな造園改造を改良した。折衷主義者レプトンの作品は、ブラウンに始まる近代的造園法のよい点を受け継ぎつつ、伝統様式もないがしろにせず、現在でも景観設計者や庭園設計士の研究対象となっている（図64）。

「楽園」の夢を実現するために

さて、この章を締めくくるにあたり、付け加えておきたいことがある。

それは、十八世紀のイギリス人の熱い眼差しが、植林するにしろ、花壇を装飾するにしろ、外国植物の収集に向けられていたことである。

例えば、樹木について言えば、十七世紀には、外来の樹木を収集したイギリス人は、英国国教会のロンドン主教のヘンリー・コムプトンなど、ごく少数に限られていた（ちなみに、コムプトンは、多種の高木や低木をフラムに植え、イングランドのどの庭園もかなわないほどであった）。しかし、十八世紀なると、多くの外来樹木がもたらされ、一般に植えられるようになった。そうした現象の背後には、田舎の土地を、農業・植林・庭園で改善したいという経済的理由もあるだろう。しかし、私には、ギョームの『薔薇物語』のバラ園を飾った、国内外ありとあらゆる種類の樹種よりなる「混樹の森」の情景がちらついて見えるのである。

「混樹の森」は、まさしく古代ギリシア・ローマ以来の、理想的な楽園の構成要素であった。十八世紀の土地所有者は、夢だけの楽園に満足せず、それを自らの手で実現しようと試みたのではなかろうか。


イギリス式庭園が「自然風」に向けて変化の度を増すのは、自然愛、整形式庭園への反発、経験主義的な自然観、「自然」概念の変化、ロマンチシズム、中国文化の影響など、さまざまな要因が考えられよう。

しかし、そのいずれをとっても、一つの要因だけで、イギリス庭園の革命的な変貌は起こらなかっただろう。時代を動かす全てのベクトルの合力が、イギリス独自の理想的風景を創造したいという、さらに大きな目標を創りあげたのである。

宗教、哲学、文学、芸術、政治、経済、園芸、科学など、思想・学問・技術の諸分野の進展、そして、ギリシア、ローマ、イタリア、オランダ、フランス、中東、東洋などの諸文化の影響など、あらゆる要素が複雑に関係しあいながら、イギリス庭園に結集したといっても過言ではないだろう。

さて、イギリス庭園の歴史は、十九世紀、二十世紀を経て、現代に至るのであるが、この続きは、また別の機会に譲りたい。

次の、第八章では、比較文化的な視点やイギリス人の立場から日本の庭園と文化を眺めることで、逆にイギリス庭園の特徴を炙り出してみたい。

---

1 William Malcolm, *A Catalogue of Hot-house and Greenhouse Plants, Fruit and Forest Trees, Flowering Shrubs... Seeds, Garden Mats and Tools* (J. Dixwell, 1771).

2 *Ibid*., v.

第八章　日本の庭園とイギリスの庭園

日本庭園は、宗教的な空間として発祥し発展した

ローマ帝国の属領「ブリタニア」の時代から十八世紀まで、イギリスの庭園史を追って来たが、その過程で、折に触れ、日本庭園や日本人の庭園観をとりあげた。

日本人は、伝統的な自然観を引き継いでおり、庭園の意匠にそれが色濃く反映されていると、繰り返しお話ししてきた。日本人には、人が自然と根源的な紐帯によって結ばれているという信念があり、自然物を神格化し、自然そのものを崇拝するという宗教的な感覚がある。

そうした自然観があるので、庭園や、庭園素材の自然にも、人と神仏の密接な結びつきが表現されるのだと思われる。庭園の意匠でも、自然物に畏敬の念をいだき、自然物を主要な素材とし、できるだけ加工を加えずに、芸術性を追求することになったのである。

これに対し、西洋の整形式庭園の場合は、「本質」としての「あるべき」自然を尊重し、その理想的形相にできるだけ近づけるべく、現実の「あるがままの」自然を大胆に加工し、美化するという立場をとった。

日本を代表する庭園形式の中には、浄土式庭園、池泉庭園、枯山水庭園などがあるが、その源流を探ぐれば、日本古来の神聖な空間にたどりつくであろう。

もともと日本の庭園は、その発祥から宗教的感情と深く結びついていた。例えば、日本庭園の石組の起源を考えてみよう。日本では、自然の素材が、そのままの状態で、御神体となっていた。山肌などに露出した自然の環状列石は「磐座」と呼ばれ、神格化した石を円形・楕円形に並べたものは「磐境」と呼ばれた。池や島も、神を奉祭した「神池」や「神島」と見立てられた。やがて、仏教の須弥山思想、道教の蓬萊思想などの影響を受けて、人工的な石組みに形を変えていったのである。

図 65　西芳寺の「枯山水」

ではまず、自然＝宗教＝庭園の三位一体的庭園観を、もっとも端的に示すものとして、浄土庭園を取り上げてみよう。

法成寺と平等院

浄土庭園が生まれたのは、平安時代から鎌倉時代にかけての一時期であった。

釈迦入滅から千年がたち、世は末法で、源信は『往生要集』を著し、厭離穢土《おんりえど》と欣求浄土《ごんぐじようど》を説き、その教えが貴族や武家を大きく動かした時代であった。浄土庭園とは、仏教における浄土思想の影響下に、この世に浄土を象徴しようとする寺院庭園のことである。仏堂が庭園と一体になり、仏堂の前には園池が配置された。藤原道長の法成寺《ほうじよう》、道長の嫡男の藤原頼通の平等院、藤原秀衡《ひでひら》の無量光院、白河天皇の法勝寺《ほつしよう》、藤原清衡の毛越寺《もうつ》などが代表的なものである。

まず、藤原道長（九六六年―一〇二七年）の法成寺を見ることにしよう。道長もまた、『往生要集』に影響された貴族の一人で、自宅の土御門殿《つちみかどどの》の東隣に、法成寺を建造している。一〇二二年七月十四日に法成寺の落慶供養が執り行われたが、そのときの庭園の様子が『栄花物語』（巻第十七、おむがく）にいきいきとつづられている。

のどかに院の内の有様を御覧ずれば、庭の砂は水精《すいしやう》のやうにきらめきて、池の水清く澄みて、色〳〵の蓮《はちす》の花竝《な》み生ひたり。その上に皆仏顕れ給へり。仏の御影は池に写り給へり。東西南北の御堂〳〵・経蔵・鐘楼まで影写りて、一仏世界と見えたり。（岩波大系本『栄花物語』）

これに続く一節では、自然の木々の豊かな彩りに加え、「金玉の池」に架かる「七宝の橋」、「雑宝の船」、「孔雀《くじやく》」、「鸚鵡《おうむ》」など、人工の景物も登場する。自然と人工を駆使して、『往生要集』の極楽浄土の世界を具現しようとしているのだ。

道長にとっての庭園とは、まさに「仏顕れ」給う空間であり、「一仏世界」と見まごうばかりの極楽浄土であった。その意味で、法成寺の庭園は、仏堂で観想した浄土を、視覚的に現実化することによって、自らの極楽往生を祈る装置であったと考えることもできよう。道長の意識の中では、人工の景物による演出効果に助けられて、仏の世界と庭園の世界との境界線が、かぎりなく曖昧であったにちがいない。法成寺の庭園は、俗人道長の手によるものでありながら、浄土という宗教的理想郷を追求する浄土庭園であった。

翻って、西洋の修道院では、たとえば聖職者ストラーボのような聖職者が、修道院の庭園で、園芸、植物学、実用の知識を求めていたことを想起すると、日本と西洋の、宗教観、庭園観の相違をまじまじと実感せざるをえない。

これは中世の修道院だけでなく、その後のイギリスの聖職者が所有する庭園についてもいえることである。もちろん、アン・スコット・ジェイムズもいうように、十八世紀、十九世紀の著名な園芸家の中には牧師が多かったことは事実だろう（『庭の楽しみ』、鹿島出版会、一九九八年、一一五―二二頁）。しかし、牧師たちの中には、博物学者だったり、植物交配の研究家だったり、植物関係の蔵書家だったりと、自然科学系の学者肌の造園家が多いのも特徴である。したがって、彼らにとって庭園は、やはり宗教的理想郷を造形化する場ではなく、自然観察の場であり、教区住民に植物について教育する場であり、また社交やリクリエーションの場であったのである。

図66　平等院の「浄土庭園」

さて、極楽浄土をこの世に再現したかのような、その法成寺も、現在は、京都御所の東側に「法成寺跡」の碑があるだけで、東北院が、かろうじて真如堂近くに移築されて残るのみである。したがって、現在、当時の浄土庭園の様子を伺い知るという意味では、頼通が建立した宇治の平等院の方が、参考になるかもしれない。また、実際、自然と宗教と庭園との間の関係は、法成寺よりも平等院の方が、完成度が高いのである。法成寺は、平安京に隣接していたので、周囲の自然環境を浄土庭園の中に取り込むまでには至っていないからである。

他方、平等院は、一〇五二年、頼道が、別荘であった「宇治殿」を喜捨し、仏寺にしたのがそもそもの始まりであった。

もともと、寝殿造り風に作られた別荘であり、初めから自然の景観に恵まれた環境を選んであった。そうした歴史的経緯から、平等院では、阿弥陀堂の西に、浄土を象徴する山がない恨みはあるものの、中心伽藍と周囲の自然とを、一体的な浄土空間として捉えることができたのである。浄土と自然との一体性について、文化庁文化財保護部の調査官の本中眞氏は、「平等院と対岸の朝日・仏徳両山を含めた地域全体を極楽浄土の空間とみなし、宇治川を浄土に通じる一葦の長河と見るのである。平等院より上流の東・南・西の三方を山脈が囲繞する空間全体を極楽浄土になぞらえ、宇治川を此岸と彼岸とをつなぐ川に見立てたものであろう」と述べている（『日本古代の庭園と景観』吉川弘文館　二五〇頁）。法成寺との、大きな相違点である（図66）。

こうしてみると、平等院は、仏寺となる以前、イギリス貴族が田園に造営したヴィラに相当するようなものであったといえよう。イギリスでも、十七世紀の宗教革命を期に、田舎に別荘を建てて、田園の庭園で瞑想したり、「隠者」としての生活を楽しむ人々が現れたことは、すでにお話ししたとおりである。

このように、日英に共通点はあるが、相違点もはっきりと存在する。

まず、日本の貴族は、イギリス貴族とは異なり、別荘で農業を行うことはなかったし、逆に、イギリス貴族は、平安貴族の浄土庭園とは異なり、庭園内に教会堂を建てたり、聖者やマリアの像を配置したりして、庭園全体を宗教的空間へ変えようとはしなかったのである（図67、68）。

図 67　庭造りに勤しむ貴族（G・ブルックス著，『完全なる英国の庭師』の口絵）

図 68　ハートウェル・ハウスのトピアリの庭園で乗馬を楽しむ貴族

図69　トマス・サンドビーによるデザインの隠者の庵

また、ルネッサンス期の神秘的な隠遁主義者の場合も、もっぱら世間との交渉を立ち、ひたすら孤独な瞑想にふけることをその本分とした。

　第五章では、「エンストンの隠者」ことトマス・ブッシェルが、修道院の代替物として自分の庭園に隠者の庵を結んだことをお話しした。しかし、同時に、風変わりな奇行や野外娯楽という側面も備わっていたことを見逃してならない。ジョン・イーヴリンは、一六六四年に、オックスフォードシャのトマス・ブッシェルの隠遁所を尋ね、そこが「異常なまでに幽寂とした場所」であることに驚嘆している。ブッシェルの洞窟《グロトー》には、二体のミイラが安置され、本人は「インド人のようにハンモックに横たわっていた」というのだ。

もう一例、別の「隠者の庵」(hermitage house) をご紹介しよう。

一説によると、ノッティンガム出身の画家・建築家、トマス・サンドビーが、一七六〇年から一七七〇年ごろまで、ロンドン郊外のヴァージニア・ウォーターの、カンバーランド公爵の大庭園に設置するためにデザインしたといわれるものである。どう見ても木の根を使った小屋にすぎず、森の妖精でも出没しそうで、ファンタジックな雰囲気こそ漂っているものの、浄土庭園とは異なり、とても神聖な宗教的理想郷とはいえない代物である(図69)。

庭園と道行とを区別しない禅林

自然と宗教と庭園との一体化は、禅林にも共通する庭園観ではなかろうか。

西芳寺は、夢想国師が、禅寺として復興したもので、鎌倉式庭園には、「苔寺」の名前に違わず、百二〇種類の苔が認められる。西洋の楽園の構成要素には、「花の絨毯」があるが、西芳寺は「苔の絨毯」である(図70)。

庭園は、上下二段構えになっていて、上段には枯山水の石組と須弥石組があり、下段には心字形の池を中央に配置し、池泉回遊式となっている。特に、上段の枯山水は、「枯滝石組」とも呼ばれ、実際に水が流れ落ちるように石が配置されているという。

西芳寺中興の祖、夢窓国師は、『夢中問答』の中で理想的な庭園観にふれ、真の道人とは、「山河

図70　西芳寺の「苔の絨毯」

大地、草木瓦石《がせき》、みなこれ自己の本分なりと信ずる人」であると述べている。真に禅の道を求める人ならば、庭園の草木や石ころまでが人間としての自己の本分だと信じるために、庭園と道行を区別しないことをいうのである。夢想国師の、こうした意匠は、西芳寺庭園のいたるところに反映されている。下段の池は、この世にいながら極楽浄土に遊んだ感じを与える意図で造られたし、上段の枯山水は、唐代の僧侶、亮座主の故事から構想をえたものだという。

こうした禅院の庭園を、『作庭記』の内容や、浄土庭園と同列に並べるのは、厳密に言えば、少々乱暴かもしれない。禅院の庭園は、作者自身の精神の中の自然を表現しようと考え、自力的だが、『作庭記』や浄土庭園は、庭園に自然の姿を写そうと考え、他力的であるからだ。

しかし、そうした質的な違いはあるにしても、ともに自然と人間との揺ぎない紐帯を前提としている点に変りはない。

天国への道を閉ざす修道院の庭園

日本の寺院庭園は、浄土庭園にしても、禅林の枯山水にしても、単に形式美を追求するだけのものではなく、時には極楽往生を祈願し、また時には禅道を追求するための、きわめて神聖な空間であり、その意匠を直接的に造形化したという特徴がある。

他方、イギリスでは、修道院の庭園では、そこで宗教的瞑想が行われたとしても、庭園造形それ自体に、宗教的な意匠が反映されているわけではない。

もちろん、敬虔なキリスト教徒にとって、庭園とは、人間と自然、人間と神とが調和する場として認識されたていた。例えば、ジョン・ローレンス（一六六八－一七三二年）は、『聖職者のレクリエーション』（*The Clergy-man's Recreation*）という庭園論（図71）に追加した小論の中で、「一つ一つの花や植物に、御業の驚異を観想することで、神と対話することができるから、敬虔な賞賛者は、万物の偉大なる創造主を称え、おのが眼と心を天にむける」と述べているものの、自然を通して神の御業を称えるだけで、自然そのものを崇拝し、畏敬することはない。

日本の「山中浄土思想」では、山自体を浄土とみなすのだが、西洋では、そういうことはない。自然を天と同一視しようものならば、キリスト教的な存在の階層概念が崩壊し、自然と神とを同列

図 71　ジョン・ローレンス著『聖職者のレクリエーション』（1714 年）の口絵

に崇拝すれば、万物の創造者である神を冒瀆することにもなりかねない。したがって、キリスト教徒や修道士は、庭園の構成要素の自然物を、神の秩序を反映する「自然の書物」であるとか、道徳的教訓を読み取るエンブレムであるとか考えるものの、庭園それ自体を、天の楽園として意識することはなかったはずである。

こうした事情を示すものとして、『悦楽の庭』(*Hortus deliciarum*)の挿絵を見ていただきたい(図72)。ドイツ、ランツベルクの女子修道院長、ヘルラート(一一三〇頃―一九五年)が、修道女の霊性の向上に役立てようと編纂したもので、人類の救済史を中心的テーマとし、十二世紀ヨーロッパ思想の集大成とまでいわれた大著である。

挿絵には、地上から天上へ、美徳の梯子を上る隠修士が描かれている。修道士は、一歩一歩梯子を上り、一番上の段に上りつめたところで、うかつにも地上を見下ろしてしまう。その時、目に飛び込んだのは、自分が手塩にかけて手入れした修道院の庭園で、庭園への愛着が断ち切れず、彼は花壇めがけてまっさかさまに転落する。自然の誘惑に負け、天上の楽園(神)よりも地上の楽園(自然)を好んだ報いである。

この挿絵のモチーフは、キリスト教図像学でいう「ヤコブの梯子」である。『創世記』(二八、一〇―一九)で、ヤコブが、兄のエサウから逃れ、ルズで野宿した時に、天国に通ずる梯子を上り降りする天使たちの夢を見たというの物語を、図像化したものだ。旧約聖書を図像化する場合に、必ずといってよいほど取り入れられるモチーフで、古くは、三世紀のフレスコ画から、ルネッサンス

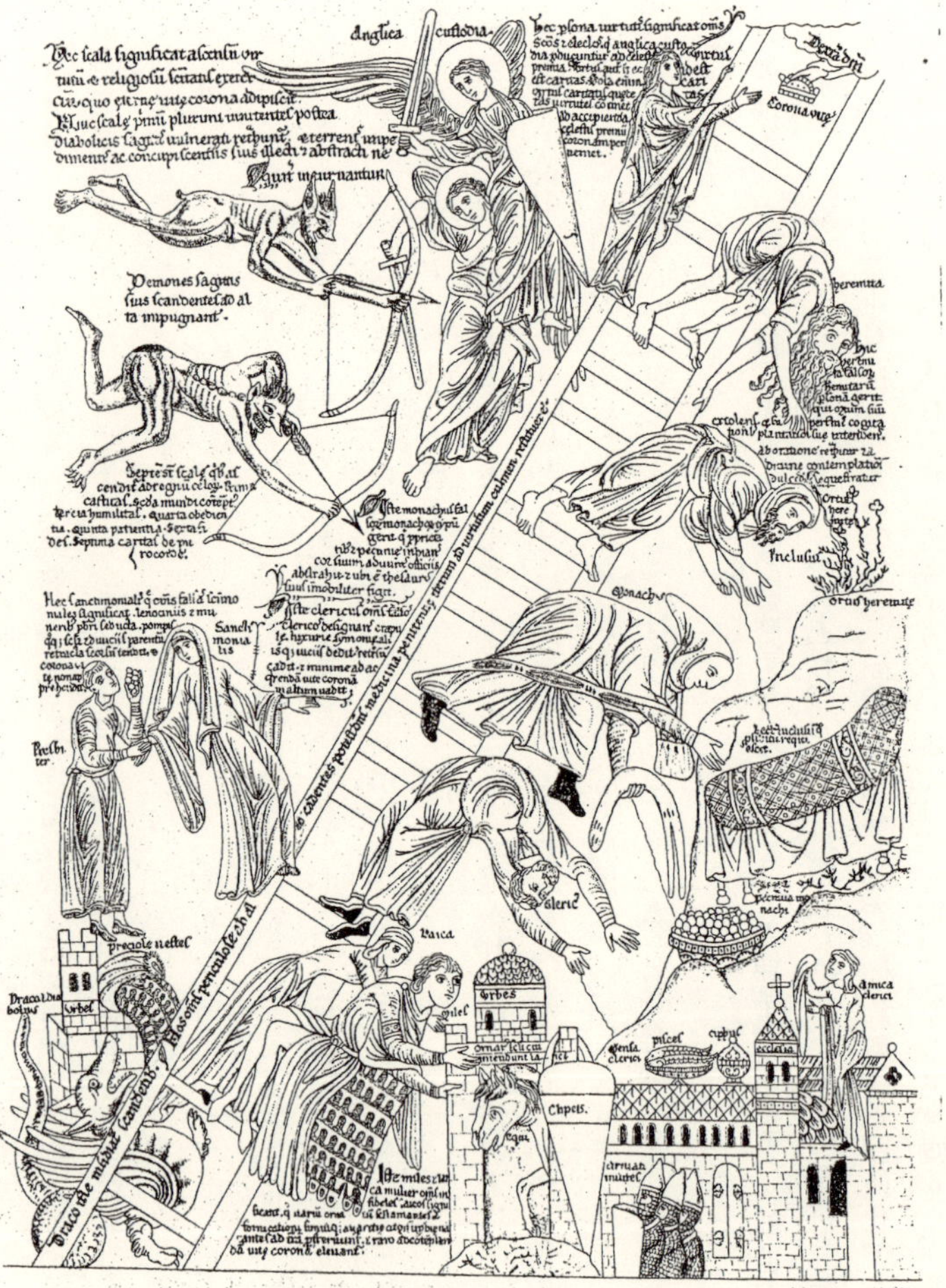

図 72　ヘルラート著『悦楽の庭』より

期、十七世紀のムリーリョの作品（エルミタージュ美術館蔵）まで、数多くの作品が残っている。

かくして、修道士、禁欲者、神秘主義者の間では、「ヤコブの梯子」は、「恭順の極み」「天なる祝福」に達するために、禁欲的な現世の暮らしが必要だと認識させるための、格別の神学的装置であった。『悦楽の庭』の挿絵は、「庭いじりなどにうつつをぬかさないで、ヤコブの梯子を上り、汝の禁欲的な修道生活を打ち立てよ」と、訴えかけているように思えるのである。

ウンベルト・エコーは、小説『薔薇の名前』で、陰鬱な修道院を舞台にし、日常の笑いをも禁じ、厳しい戒律に縛られた修道士の生活を描いて見せたが、あれはいささか極端な例で、全ての修道院がそのように陰惨だったわけでない。修道士や修道女たちは、修道院の回廊に囲まれた庭を、静かで平和な生活の象徴としてとらえていただろうし、時には瞑想の力を借りて、楽園の祖型であるエデンの園を夢見たこともあったかもしれない。

ともあれ、『悦楽の庭園』では、修道女に対し、わざわざ伝統的なキリスト教図像である「ヤコブの梯子」を持ち出して、ガーデニングの危険性を戒めたことも看過できない事実である。

東禅寺の庭園に、自国の「ピクチャレスク」庭園を見たオークコック

さて、宗教と庭園の話はこれくらいにして、ふたたび、イギリス人が日本で見た「庭園美」につ

いて語り、本書の締めくくりとしたい。

序論では、イギリス人の女性旅行家、イザベラ・バードの『日本奥地紀行』を紹介し、バードは、日本の田園風景に西洋楽園思想のフィルターをかけて見たことをお話しした。ここでは、幕末の外交官、ラザフォード・オールコックが、日本の風景と寺院庭園に何を見たかをとりあげてみよう。

オールコックは、一八五九年に、総領事兼外交代表として日本を訪れた。『大君の都』(*The Capital of the Tycoon*) は、来日してから帰国する一八六二年までの日本見聞録である。オールコックは、一八五九年六月四日、イギリス軍艦サムソン号で、長崎に到着する。彼は、そのとき、船上から眺めた情景(図73)を次のようにつづっている。

湾そのものの景色は、一見したところヨーロッパからの旅行者に、ノルウェーのひじょうに美しい峡江《フィヨルド》を思い出させる。……丘陵は、水ぎわからすぐに切り立っていて、あちこちにマツの木が一面にはえている。よく見るとここはスイスの湖にもひじょうによく似ている。とはいえ、上陸してみると、樹木ははるかに熱帯的な感じがする。ザクロやカキの木、シュロやタケなどがある。また、クチナシやツバキがおいしげっている。ありふれたシダ類もいたるところに見うけられるし、家々の壁にはツタがはえている。道ばたにはアザミがたくさんある。このようにして、地理的な区分をまったく混同した植物帯が形成されている。植物学者がめずらしがる貴重なスティフェリア(シャクナゲ科の一種)がいたるところでほしいままに地面におい

図 73　長崎湾　オールコックの『大君の都』より

しげっているのも見かけた。（山口光朔訳、『大君の都』上、岩波文庫、一九六二年、第三章、一四五頁）

一外交官であるオールコックが、これほどまでに植物に興味を示すとは驚きである。初めて見る日本の植物の名前を一々あげて、それを記録するまでに、植物学に明るいのである。

しかも、オールコックは、長崎の植生が「地理的な区分をまったく混同した植物帯」であることに、もっとも注目しているのである。ノルウェーの峡江のような極寒の北国や、スイスの湖ような山国に見える場所に、熱帯的な樹木が生えているという驚きである。この指摘は、西洋人の読者には、特別のメッセージとして伝わっていたのではないだろうか。

ここで、西洋では、古代ギリシア・ローマ風の「楽園」がもてはやされたことを思い出していただきたい。地理的に遠く離れていても、また、風土・気候・植物相などの違いがあっても、それこそが、すべてを超越した理想郷であったのである。ところが、本国イギリスからはるか彼方の、日本という極東の島で、長崎の植物相に遭遇した。それは、西洋人の常識を覆すようなものであったろう。多種多様な樹木の生育する景観は、「混樹の森」にも似て、エキゾチックな楽園のイメージであった。西洋の「悦楽境」の伝統的構成要素に、思いがけずも出会った、という感覚ではなかろうか。

軍艦サムソン号は、長崎を後にして江戸に向う。オールコックは、六月二六日に江戸に到着し、最初に選んだ訪問地は、品川の東禅寺で、この寺の情景を、つぎのように克明に記録している。

……入り口の門をはいると、スギとマツの木がはえている長い並木道がある。そこをとおって、堂々たる二階建ての第二の門をくぐり、ハス池のあるあき地をすぎると両側に植えこみがあり、最後に右手の入り口をはいってもうひとつの庭を通過すると、われわれの想像どおりに美しい日本の庭園や土地の一例に面したりっぱな建て物がある。そのすぐ前には芝生《しばふ》があって、池のかなたまでつづいており、池には丸木橋（この橋は、のちに、流血の場面が展開されるさいに、はなばなしい役割を演じることを運命づけられていた）がかかっていた。そして、この橋の向こうには、シュロの木やツツジや、短く刈りこまれて円い丘のようになっている大きな灌木《かんぼく》のしげみがあり、そのうしろには、りっぱないろいろな日本の木や、カシやカエデなどの木からなる見事な林のついたてがある。また、池の向こう側にいたる丸木橋のつき当たりには、シュロの木やタケが点在しており、整枝されたウメの老木も見うけられた。右手の方は、傾斜の急な土手によって景色がさえぎられているが、その土手にも、種々雑多な花さく灌木や笹《ささ》がおいしげり、林のついたて以上にみごとである。……かりに日本が流刑地だという見方をするとすれば、これほど美しい草庵をえらべたことはさいわいだといわざるをえない。正直なところ、わたしじしんは、この隠れ家があらゆる点であまりにも完璧であるがゆえに、なにか恐ろしいお返しがわたしの運命のうえにふりかかるのではないかということを恐れた。（第四章〔上〕一七八～七九頁）

白幡洋三郎氏は、この一節について、オールコックは、寺の建物や歴史について全く語ろうとせず、もっぱら寺の敷地、庭園、植物に興味を示し、特に常緑樹の「カシ」の種類を正確に表現していると述べている（『プラントハンター』、講談社選書メチエ、二〇二―二〇三頁）。

しかし、私は、植物の知識よりも、寺院庭園の描写の仕方に注目したい。オールコックは、「二階建ての門」や立派な寺院の建造物を見て、あたかも、チェインバースがキュー王立植物園に建てた「中国風パゴダ」に比肩するほどに、エキゾチックに感じたに違いない。さらに、池にかかる「丸木橋」、「円い丘」のように刈り込まれた「灌木のしげみ」、「林のついたて」、散在する熱帯的な「シュロの木やタケ」、そして「ウメの老木」などの変化に富む庭園の構成要素を見て、近景だけでなく、遠景も「さながら群葉を描いた一幅の絵のよう」であると述べている。

オールコックの描写は、訳語の日本語でなく、原文の英語で味わうと、さらによく本人の気持ちが伝わってくる。たとえば、「りっぱないろいろな日本の木や、カシやカエデなどの木からなる見事な林のついたて」の「ついたて」の原文は“screen”である。「ついたて」というと、どうも薄っぺらで平面的な感じがするが、“screen”は「防風のために、一列あるいは帯状に植えられた木立」のことをいう(*OED*より)。「ついたて」は、「室内に立てて、部屋を仕切ったり、目隠ししたりする家具」であるが、“screen”は、「外から吹き込む風から庭園内の植物を守るための防風林のようなもの」のイメージである。これで、東禅寺の庭が、立派な樹木に囲まれ、守られた楽園であることを暗示しているのである。

その後に続く、「草庵」、「隠れ家」といった何気ない言葉も見逃してはならない。「草庵」の原文は“hermitage”、「隠れ家」の原文は“retreat”だ。原文の意味を厳密に考えれば、“hermitage”は、先に述べた、隠者ブッシェルの洞窟でみたような「隠遁所」であり、十八世紀のイギリス庭園では特別の位置を占める構成物であるし、“retreat”も、「隠れ家」というよりは、十七世紀以来しばしば行われた、田舎への隠遁を示唆し、「別荘」という意味合いを含んでいるのだ。

図 74　江戸の情景　オールコックの『大君の都』より

そしてこれらすべてが、今までの情景描写を締めくくる言葉、「絵のように美しい光景」"this picturesque beauty" によって、一つにまとめられているのである。読者は、もう気づかれたと思うが、「イギリス風景式庭園」を代表する庭園形式の、「ピクチャレスク」が念頭におかれていることは明らかであろう。

オールコックが、「ピクチャレスク」庭園を意識していることは、これに続く部分でも裏づけられる。彼は、後に、一八六一年に、この場所が攘夷派の浪士団によって襲撃される事件を思い出して本書を執筆しているのである。しかし、そんな血なまぐさい恐怖感さえ、つぎのような美しい風景が消し去ってくれるのである。そして、ここにいても「死ぬための場所になるかも知れないというような不快さはすこしも感じなかった」と漏らすのだ。

照りかがやく真昼の太陽のために明暗の格子縞《こうしじま》の唐草模様《アラベスク》ができている並木道のはしの下の方には、一〇〇〇フィートほどはなれたところに湾がひろびろと横たわって、太陽の強烈な光に照りはえており、それと厚い緑の葉でおおわれている台地のひじょうに涼しい日陰とが、ひじょうに面白い対照をなしている（一八〇頁）。

光と影の織りなす模様、強烈な太陽光と木蔭のコントラストなど、実に「ピクチャレスク」な風景ではないか。ここでも、庭園用語の"terrace"が使われていることに注意したい。邦訳は「台地」となっているが、広い鄙壇のように作った西洋庭園の一趣向である、「段庭」(terrace) に見立てての発言であるように思われる。

もちろん、東禅寺が、イギリスのピクチャレスク庭園を採用していたわけではない。オークコックも、イザベラ・バードと同様で、祖国イギリスの庭園の記号を、東禅寺の庭園風景の中に読み取っていたのである。

最後に、『大君の都』の付録に関して触れておきたい（付録は「A」から「G」まであるが、岩波文庫版では、すべて訳出されていない）。

「付録E」の「日本の農業、樹木、植物相にかんする覚書」(*Notes on the Agriculture, Trees and Flora of Japan*) は、オールコックが任命した臨時公使官員、ジョン・G・ヴィーチによる報告書で、横浜、および神奈川宿の、農業、農産物、野菜、果樹、植物相、樹木についての詳細な記録と、日本の樹木と植物相についての追記が収載されており、資料の中には、イギリス公使館が、本国のキュー王立植物園に送付した、植物リスト、種子リストなども含まれている。

それらのうちから、二点ほど興味深い点を付記しておこう。

まず、日本の果樹には大きな欠点があり、果物は、概して「風味」がないというコメントがある。日本では、果樹の改良にまったく注意が払われず、毎年、変りばえのしない同じ品種しか出回らないと指摘し、日本は、気候も土壌も、果樹栽培に適しているので、きちんと注意を払えば、世界のどこにでも肩を並べるようになるはずだという。十七世紀以来、柑橘系果物の温室栽培に異常なほど情熱を傾けてきたイギリス人ならではの指摘だと、興味をそそられる。

もう一点は、日本の植物相は常緑樹の種類が豊かであると指摘し、とりわけ針葉樹に並々ならぬ興味を示していることだ。イギリスでは、落葉広葉樹ばかりが多く、庭園も冬枯れ状態になることから、針葉樹を植えて通年緑を添えたいと願う。それは、ベーコンが『庭について』の中で、庭園には、一年中草花が茂るべきだと書いて以来の、イギリス人の楽園願望である。十八世紀になると、広々とした芝生に、堂々と聳える針葉樹が好まれるようになり、特に十九世紀のヴィクトリア朝の時代では、冬枯れの季節でも常緑樹が落葉しない「ウィンター・ガーデン」(冬の庭)を持つことが贅沢の印となる。

『大君の都』には、『ガーディナーズ・クロニクル紙』(一八六二年)に掲載された記事の抜粋が引用されている。オールコックが、本国に送った盆栽の見本に関する記事だが、その中に、「いままでに日本から送ったもっとも価値のある植物は針葉樹で、その中には多くの特異な種類があり、一部のものはわれわれがすでに有しているものとはひじょうに異なっているがゆえに、わが国の風景にまったく新しい姿をつけ加えることであろう」という一文がある(第十五章、五五頁)。

私たちが、イギリスで目にする針葉樹は、オールコックが、日本から本国へ送ったものかもしれないというのは、なかなか興味深い話ではなかろうか。

このように見てくると、オールコックにしても、バードにしても、その庭園描写には、日本文化の特徴だけではなく、彼らが属する文化の特徴までも書き込まれていることに気づくだろう。庭園というものは、まさにそれを生んだ「文化」のアイデンティティーを映し出す鏡だといわれる所以である。

終章　庭園によって現代の日本を再生する

ロンドンの公園と日本の公園との違いは、その起源に遡る

イギリス庭園史を通観してきたが、筆を措くにあたり、現代の日本の置かれている状況を眺めてみたい。

日英両国の庭園を較べると、いずれも独自の歴史と伝統をもち、自国の文化的アイデンティティーを備えている。ところが、公共施設や都市部の環境となると、いささか話が違ってくる。

例えば、日本の公園は、イギリスより一歩も二歩も遅れているように思える。ロンドンなど大都市では、都市部の公園の質が、いかに高いかということを痛感する。それも、どこの街角にでもある普通の公園の話だ。日本では、街中の公園は、規則で定められた最低限度の面積しかなく、滑り台やブランコなどが閑散と配置され、しかもサビが浮き出していたりする。中・高校生の溜まり場になったり、ホームレスの人々が青シートのテントで野宿する場所になっていて、吸殻や空き缶が撒き散らされているかもしれない。

他方、ロンドンには、ハイド・パーク、ケンジントン・ガーデンズ、セント・ジェイムズ・パーク、グリニッジ・パーク、グリーン・パーク、リージェント・パークなどの公園があり、いずれもきちんと整備され、広々とした芝生、芝生を縫う散歩道、きれいな花々の咲く花壇、水鳥が遊ぶ池、

ゆったりとしたベンチなどが、人々の心を和ませる。公園を訪れる人も、家族連れ、友人同士、老夫婦、子供たちであり、公園は、老若男女が集う憩いの場であり、リクリエーションを楽しむ空間である。

そもそも、日英両者の公園は、出発点からして異なっている。

先にあげたロンドンの公園は、王宮庭園の延長線上にあり、イギリス国王の所有地であったものが、市民の公園として払い下げられたという経緯がある。例えば、ロンドン最古の公園、ハイド・パークは、ヘンリー八世の狩猟場を十七世紀に一般に開放したものである。王宮庭園であったため、市民に開放される以前は、王室専属の庭師が手塩にかけて管理していたのである。

次に、日本の場合は、上野公園が、東叡山寛永寺の境内を公園化した事例のように、寺社の境内、既存の広場、火除地などを、そのまま公園に指定したケースもあるが、それ以外の都市公園は、都市計画によって新たに造られたものである。

白幡洋三郎氏は、日本の公園は、「計画上の基準を欧米都市を模範にして設計し」、「常に行政が主導して公園を計画し、デザインし、配置した」ことが、特徴であるとしている（飯沼二郎・白幡洋三郎著、『日本文化としての公園』、八坂書房、一九九三年、六頁）。行政主導で地域住民の意図が反映されず、また、欧米追従で伝統的な日本のアイデンティティーが生かされていないのである。

さらに、日本は高温多湿で夏草が茂りやすいのに対して、イギリスは緯度が北海道より北で芝生の管理がしやすいなど、自然環境の違いもある。その結果、日本では、公園の維持・管理費がかさむことも、日本にとってはマイナス要素になるだろう。

しかし、問題の根の深さからいうと、やはり前述の二点が、大きなネックになりそうだ。

イギリス庭園から私たちが学ぶべきもの

そこで、わが国の、地域社会や都市環境を改善するために、美しい庭園・公園の条件を考えてみたい。

① 庭園には夢や理想が必要で、それを実現するために、グランドデザインを作り続けたい。

イギリスでは、古代ギリシア・ローマの「アルカディア」、キリスト教の「エデンの園」に代表されるような、庭園に対する「見果てぬ夢」が存在し、十七世紀には、「復楽園」による国土の楽園化を目指して時代が動いた。現代日本でも、まず、国土を美しい庭園にするという目標を掲げてはどうだろうか。「日本列島改造論」ならぬ「日本列島庭園化論」である。世界中の人々が、美しい楽園である日本を一目見ようと集まり、国際交流・文化交流も進むだろうし、観光による経済効果も期待できるかもしれない。

政府も、土木建築型の公共事業によって、道路やダムなど、コンクリート製の「死せる人工物」を増やし続けるのではなく、景観美と「生ける自然」を増やす方向へ、パラダイムの転換をはかるべきであろう。

十八世紀のイギリス貴族は、広大な土地を、古代ギリシアにまで遡る「田園のイメージ」に倣って管理したが、日常生活を営む一般市民には、そのような意識はなかった。庭園革命を起こしたのは、時間と財力をもち、イメージを膨らませた貴族であった。

この、時間、財力、イメージの中で、今の日本にもっとも欠けているのは、やはりイメージではなかろうか。もちろん、序章で紹介した、イザベラ・バードのように、日本の田園風景と、ウェルギリウスの「アルカディア」とを重ね合わせる必要はないが、自分の住んでいる地域を、どんな空間にしたいのか、そのイメージを持ちたい。

例えば、地域の歴史・文化・伝統を尊重するのなら、地域密着型で地方色の濃い景観造りとなろう。商業地では、このような方策はすでに採用され、かなり功を奏していて、伊勢神宮の近くの「おかげ横丁」では、江戸から明治にかけての伊勢路の代表的な建築物を移築・再現している。このようなイメージ作りは、地域住民のための都市計画、地域の町造り、村おこしにも、もっと生かされてよいのではないだろうか。

しかし、日本の場合は、官も民も、欧米型モデルを採用し、庭園でも、定番の、ウッドデッキ、ラティス、ハーブ、コニファーを置く、洋風のガーデニングがブームである。モダンな感じはするが、欧米中心型のグローバル化には、常に、画一化・没個性化の危険が伴うことを忘れてはならない。

地域密着型にせよ、欧米追随型にせよ、生態系を重視し、風景美といかに調和するかということを忘れてはならない。とはいえ、自然破壊や環境汚染に対する反省から、生け花や庭園に、自然をそのままの形で持ち込む傾向が見られる。それもそれなりに意義はあるが、やはり芸術的な努力が足りないように思える。日本庭園には、「枯山水」のような、自然の本質を芸術的に抽象化しようとする伝統があるのだから、「自然」と「人工」の調和という西洋芸術論の伝統的な基本テーマが、今後、日本でもさらに論議されてよいだろう。

② 官と民とが一つの理念のもとに協力し、庭園都市構想を打ち立てたい。

東京のような大都市には、人工的な建物ばかりが多く、自然や緑が少ない。都心部に、明治神宮や皇居などしか、まとまった緑地が存在しない現実は、わが国に公共善の意識が欠如している事実を物語るものである。殺伐としたビル街にこそ、豊かな緑を育てる必要がある。

掛け声だけでは何も進まない。行政は、緑育成を強化する法律を制定してはどうだろう。建築規制緩和はいいが、イギリスに学んで、景観や緑化に関する規制をもっと強化するべきである。若干強引かもしれないが、都心にオフィスやビルを構える企業にも、そこで暮らす住民にも、緑化と環境美化を義務付ける必要があるのではなかろうか。

もちろん、都心だけの問題ではない。地方に行くと、突如として、ファーストフード店、パチンコ店、コンビニ店が、けばけばしい装飾と色彩で目に飛び込んでくる。のどかな田園風景といかに乖離しようとお構いなしである。周囲の景観と調和させるとか、地元の伝統的な建築様式にすることが望ましいが、それが無理ならば、せめて、今後の地域振興で、商業地域、住宅地域、景観優良地域などの区分けができないものだろうか。

さらに深刻なのは、田園を縫う鉄道の線路沿いに並ぶ、野立看板である。あれは、外国人旅行者に、「田園風景よりも商品宣伝のほうが大切です」と公言しているようなものなので、一日も早く撤去してもらいたい。イザベラ・バードが、あの光景を見たら、エデンの園が「マモン（強欲の神）」（『マタイ伝』六、二四）に占領されたと嘆くことだろう。

またそれと並行して、景観を台無しにする、電柱・電線を地下に埋められないものだろうか。

③ 行政のバックアップが必要である。

上記のような計画を進める上で、官主導による、画一的な行政指導だけは、極力排除したい。行政は、地域住民の建設的意見を反映させ、また、住民は地域エゴを自ら排除し、住民自らの手で地域を美化していくという意識を持つ必要がある。イギリスの芸術産業技術振興協会の事例のように、庭園都市構想を懸賞付で募集し、資金的にも援助することが、行政にとって、もっとも効果的な方法となるであろう。

④ 熟年パワーを活用したい。

日本は、これから高齢化社会を迎える。それは、決して暗澹たるものではなく、世界に冠たる「庭園国家」建設の絶好のチャンスではなかろうか。

イギリスでは、二十世紀の初めに、鉄道網の整備と並行して、駅周辺や保養地などに、華やかな花壇や整形式庭園が造られた。それに参加したのは、観光誘致をもくろむ地域自治体と、保養地で暮らす定年退職の高齢者たちであった。彼らは、金銭的援助が与えられ、かつ自分の庭がきれいになるということで、喜んでプロジェクトに協力したのである。まさに、公共投資と個人の庭作りの趣味が合致したのであり、急速に高齢化を迎える日本が参考にすべき点は多い。

すでに日本でも、松本市が昭和二十七年から「花いっぱい」運動を提唱し、今や日本国内はもとより世界的な運動にまで発展していると聞く。このような市民運動を、行政レベルでも展開できれば、さらに効果的であると思う。

巻末に

本書を造園に例えるなら、意図的に「ピクチャレスク」な手法をとったと啓蒙書だといえるかもしれない。庭園論全体を広く公平に取り扱うのでなく、「絵」になりそうな話題をピックアップして配置したからだ。

その結果、一般のイギリス庭園解説書に収載されていることでも、思い切って省略したし、衒学的にならないように論理の単純化もした。イギリス庭園史といいつつも、十九世紀以降の造園については触れていない。また、日本庭園については、茶道や華道の発達にともなう庭園（露地、垣根、燈籠、飛石などの景）や、江戸中期以降の自然風景的な庭園については言及していない。茶庭は、本書で取り上げた「自然に従う」庭園とは異なり、利休の弟子の茶人、古田織部の作品に見られるように人工美を意図した庭園である。

そのような本書の不備は、造園主ともいえる著者自身よく自覚しており、読者の皆さんのご叱正をお願いする次第である。

最後に、本書が誕生したのは、大修館書店の志村英雄氏の発案と企画に負うところが大きい。厚く御礼申し上げたい。

中山　理

平成十五年五月五日

参考文献一覧

Alcock, Sir Rutherford. *The Capital of the Tycoon*. New York : Harper & Brothers, 1863.

Amherst, Alicia. *A History of Gardening in England*. London : Bernard Quaritch, 1895.

Bird, L. Isabella. *Unbeaten Tracks in Japan*. New York : ICG Muse, Inc., 2000.

Coffin, David R. *The English Garden : Meditation and Memorial*. Princeton : Princeton Univ. Press, 1994.

Curtius, Ernst Robert. *European Literature and the Latin Middle Ages*. Trans. Willard R. Trask. Princeton : Princeton Univ. Press, 1967.

de Bartas, *The Divine Weeks and Works of Guillaume de Saluste Sieur de Bartas*. Trans. Josuah Sylvester, Ed. Susan Snyder. Oxford : The Clarendon Press, 1979.

de Lorris, Guillaume et Jean de Meun. *Le Roman de la Rose*. par Traduction en français moderne par André Lanly. Paris : H. Champion, 1971-76.

Duncan, Joseph E. *Milton's Earthly Paradise : A Historical Study of Eden*. Minneapolis : University of Minnesota Press, 1972.

The English Garden : *Literary Sources & Documents*. Ed. Michael Charlesworth. East Sussex : Helm Information Ltd., 1993.

Gardner, Helen. *A Reading of "Paradise Lost"*. Oxford : Oxford Univ. Press, 1965.

Gasquet, Abbot. *English Monastic Life*. New York : Books for Libraries Press, 1904, rpt. 1971.

Giamatti, A. Bartlett. *The Earthly Paradise and the Renaissance Epic*. Princeton : Princeton Univ. Press, 1966, rpt. 1969.

Gibson, Michael. *The English Rose Garden*. Princes Risborough : Shire Publications Ltd., 2000.

Gothein, Marie Luise. *A History of Garden Art*. Ed. Walter P. Wright, Trans. Archer Hind. London : J. M. Dent & Sons Ltd., 1928.

Hadfield, Miles. *Pioneers in Gardening*. Edinburgh : Bloomsbury, 1955, rpt. 1998.

――――――. *A History of British Gardening*. London : John Murray, 1960, rpt. 1979.

Hawkins, Henry. *Partheneia Sacra 1633*. Introd. Karl Josef Höltgen. Hants : Scolar Press, 1993.

Henry, Blanche. *British Botanical and Horticultural Literature before 1800*. London : Oxford Univ. Press, 1975.

Milton, John. *Paradise Lost*. Ed. Alastair Fowler. London : Longman, 1968.

――――――. *The Works of John Milton*. Ed. F. A. Patterson et al. New York : Columbia Univ. Press, 1931.

Schoeck, J. Richard & Jerome Taylor ed., *Troilus and Criseyde & The Minor Poems*. Indiana : University of Notre Dame Press, 1961, rpt. 1971.

Spenser, Edmund. *The Faerie Queene*. London : Everyman's Library, 1910, rpt. 1966.

Strabo, Walahfrid. *Hortulus*. Trans. Raef Payne. Pittsburgh : The Hunt Botanical Library, 1966.

Strong, Roy C. *The Renaissance Garden in England*. London: Thames & Hudson, 1998.
Taylor, Christopher. *Parks and Gardens of Britain: A Landscape History from the Air*. Edinburgh: Edinburgh Univ. Press, 1998.
Taylor, Patrick. *The Daily Telegraph Gardiner's Guide to Britain*. London: Pavilion Books Ltd., 1992, rpt. 1996.
Walton, Izaak. *The Compleat Angler*. Introd. Margaret Bottrall. London: Everyman's library, 1964.
Wither, George. *A Collection of Emblemes, Ancient and Moderne*. Columbia: Univ. of South Carolina Press, 1975.
赤川裕『英国ガーデン物語』（研究社出版　一九九七年）
安西信一『イギリス風景式庭園の美学』（東京大学出版会　二〇〇〇年）
飯沼二郎・白幡洋三郎『日本文化としての公園』（八坂書房　一九九三年）
『四つのギリシャ神話―「ホメーロス讃歌」より―』逸身喜一郎・片山英男訳（岩波文庫　一九八五年）
伊東俊太郎『文明と自然』（刀水書房　二〇〇二年）
ウェルギリウス『牧歌・農耕詩』河津千代訳（未来社　一九九四年）
ウォルトン、アイザック『完訳　釣魚大全Ｉ』飯田操訳（平凡社ライブラリー　一九九七年）
宇治市教育委員会編集『平等院　庭園発掘調査概要報告II』（平等院　一九九三年）
オールコック、ラザフォード『大君の都』山口光朔訳（岩波書店　一九六二年）
金子裕之編『古代庭園の思想』（角川選書　二〇〇二年）
カペラーヌス・アンドレーアース『宮廷風恋愛について』瀬谷幸男訳（南雲堂　一九九七年）
川勝平太『文明の海洋史観』（中公業書　一九九七年）
川崎寿彦『庭のイングランド』（名古屋大学出版会　一九九七年）

久米邦武編　田中彰校注『米欧回覧実記』（岩波文庫　一九九六年）
コーツ、ピーター『花の文化史』安部薫訳（八坂書房　一九八五年）
コッペルカム、シュテファン『幻想のオリエント』池内紀　他訳（鹿島出版会　一九九一年）
『人工楽園』堀内正昭訳（鹿島出版会一九九一年）
小林章夫『図説英国庭園物語』（河出書房新社　一九九八年）
白幡洋三郎『庭園の美・造園の心』（日本放送出版協会　二〇〇〇年）
『プラントハンター』（講談社選書メチエ　一九九七年）
スコット-ジェイムズ、アン『庭の楽しみ』横山正訳（鹿島出版会　一九九八年）
スペンサー、エドマンド『妖精の女王』和田勇一監修・校訂　熊本大学スペンサー研究会訳（文理書院　一九六九年）
田路貴浩『イギリス風景庭園』（丸善株式会社　二〇〇〇年）
田中正大『日本の庭園』（鹿島出版会　一九九〇年）
チェスタトン、G・K『G・K・チェスタトン著作集〈評伝篇〉一巻チョーサー』渡部昇一・福士直子訳（春秋社　一九九五年）
チョーサー、ジェフリ『カンタベリ物語』西脇順三郎訳（ちくま文庫　一九八七年）
ド・ロリス、ギョーム＆ジャン・ド・マン『薔薇物語』篠田勝英訳（平凡社　一九九六年）
中尾真理『英国式庭園』（講談社選書メチエ　一九九九年）
バード、イザベラ『日本奥地紀行』高梨健吉訳（平凡社ライブラリー　二〇〇一年）
飛田範夫『日本庭園の植栽史』（京都大学学術出版会　二〇〇二年）
藤縄謙三『ギリシア文化と日本文化』（平凡社　一九九四年）
ブラント・ウィルフリッド『植物図譜の歴史』森村謙一訳（八坂書房　一九八六年）

参考文献一覧

ブルックス、ジョン『楽園のデザイン』神谷武夫訳（鹿島出版会　一九八九年）
ヘーシオドス『仕事と日』松平千秋訳（岩波文庫　一九八六年）
ベルク、オギュスタン『日本の風景・西欧の景観』篠田勝英訳（講談社現代新書　一九九〇年）
ホメーロス『オデュッセイアー』呉茂一訳（岩波文庫　一九七七年）
松平圭一『イギリス式庭園文化』（西日本法規出版　二〇〇二年）
ミルトン、ジョン『失楽園』平井正穂訳（岩波文庫　一九八一年）
ミルワード、ピーター『英文学のための動物植物事典』中山理訳（大修館書店　一九九〇年）
本中眞『日本古代の庭園と景観』（吉川弘文館　一九九四年）
ロンゴス『ダフニスとクロエー』松平千秋訳（岩波文庫　一九八七年）

な

に

の

は

ひ

索　引

索　引

お

か

き

索　引

[著者紹介]
中山　理（なかやま　おさむ）
1952年：三重県生まれ
1976年：麗澤大学外国語学部イギリス語学科卒業
1981年：上智大学大学院文学科英米文学専攻博士後期課程修了
2002年：博士（文学）取得
現　在：麗澤大学教授　英文学専攻
著　書：『挑発するミルトン』（彩流社，共著），*Images of Their Glorious Maker : Iconology in Milton's Poetry* (Macmillan LanguageHouse)
訳　書：『英文学のための動物植物事典』，『聖書の動物事典』，『キリスト教美術シンボル事典』（以上，大修館書店）他多数

イギリス庭園《ていえん》の文化史《ぶんかし》——夢《ゆめ》の楽園《らくえん》と癒《いや》しの庭園《ていえん》

NDC 622　282p　20cm

初版第1刷発行——2003年6月25日

著者————中山《なかやま》　理《おさむ》
発行者————鈴木　一行
発行所————株式会社大修館書店
〒101-8466 東京都千代田区神田錦町3-24
電話　03-3295-6231 販売部/03-3294-2356 編集部
振替　00190-7-40504
[出版情報] http://www.taishukan.co.jp

装丁者————山崎　登
印刷所————精興社
製本所————牧製本

ISBN4-469-21280-6　Printed in Japan